AF672168

Freie Freitage für die Zukunft

Konzept für menschenwürdigen und sofort wirksamen Klimaschutz für die Ära nach Corona

von

Thilo Schäfer

Freie Freitage für die Zukunft

Konzept für menschenwürdigen und sofort wirksamen Klimaschutz für die Ära nach Corona

Thilo Schäfer

Impressum

Copyright: Thilo Schäfer
Jahr: 2020

ISBN: 9789463982993

Covergestaltung: Thilo Schäfer

Verlagsportal: bookmundo.de
Gedruckt in Deutschland

Die Deutsche Nationalbibliothek verzeichnet diese Publikation in der Deutschen Nationalbibliografie.

Das Werk, einschließlich aller seiner Teile, ist urheberrechtlich geschützt. Jede Verwertung ist ohne Zustimmung des Verfassers unzulässig.

Inhaltsverzeichnis

Vorwort

Auf meiner Bahnfahrt von Tübingen nach Göttingen zur Herbsttagung des Deutschen Ethikrats habe ich in der Nacht vom 22. auf den 23. Oktober 2019 das wenige Tage zuvor erschienene Buch „Vom Ende der Klimakrise“ von Luisa Neubauer und Alexander Repenning (erschien 2019 als Tropen-Sachbuch bei Cotta, Stuttgart) gelesen und „Weltethos für Weltpolitik und Weltwirtschaft“ von Hans Küng (erschienen bei Piper, München, 1997).

Da ich nicht in einem echten Nachtzug, sondern einfach nur in einem auf schlechten Gleisen langsam fahrenden ICE saß, war an Schlaf ohnehin nicht zu denken. Die Tagung, zu der ich anreiste, hieß „Meinen, Glauben, Wissen – Klimawandel und die Ethik der Wissenschaften.“ Mit den Ankündigungstexten der Tagung auf dem Tisch und den beiden eben gelesenen Büchern im Rucksack saß ich dann beim Frühstück in der Ecke eines Cafés in der Göttinger Altstadt.

Einerseits hunderte von Ideen für eine bessere Welt, empathischere Menschen, verantwortungsbewussteres Wirtschaften, Aufmunterung und andererseits entmutigende Tatsachen, ein wissenschaftlich bestätigter Krisenverlauf, ein unmoralisch abgewirtschafteter Planet, dessen Zivilisationsökosystem zu implodieren droht. Wie könnte das alles zusammenpassen und zu einem guten Ausgang kommen? fragte ich mich.

Die Wissenschaft war ehrlich genug uns in den vergangenen Jahren zu offenbaren, dass die Klimakatastrophe unausweichlich kommt, wenn wir so weitermachen wie bisher. Die Weltwirtschaft macht aber nicht nur so weiter wie bisher, sondern sogar mit unaufhörlich zunehmenden schädlichen Nebenwirkungen. Die PolitikerInnen haben zwar in Paris 2015 ein Klimaabkommen beschlossen, das von 195 Staatsregierungen unterschrieben wurde, aber nichts davon wirksam umgesetzt. Der technisch erzeugte zusätzliche Treibhauseffekt wird stärker. Die teils weltweiten Schülerstreiks unter dem Motto „Fridays for Future" offenbaren, um was es tatsächlich geht: um alles!

Und der Zeitplan? Möglichst schon gestern!

Und wie - - - ?

Aber ich habe da eine Idee: Wenn das alte System an einem Wochentag stillsteht, während das notwendig neue nachhaltige System ans Laufen kommt, sparen wir sofort eine relevante Menge Treibhausgase, die Menschen haben frei und bekommen so die nötige Zeit für die nötigen Umstellungen:

Wir brauchen **freie Freitage** für die Zukunft!

Ich strengte mein Geografen- und Philosophen-Hirn vor dem Hintergrund der eben gelesenen Bücher noch eine Weile an, überprüfte die Idee mit natur- und geisteswissenschaftlicher Methodik aber auch als Praktiker, Berater, Pragmatiker, Gutachter, Lehrer, Vater, Großvater und machte daraus einen Vorschlag: **Freie Freitage für die Zukunft**.

Nach der ersten Podiumsrunde der Tagung trat ich ans Mikrofon und fragte die KlimawissenschaftlerInnen auf der Bühne, was sie von diesem an die Bundesregierung zu richtenden Vorschlag als Problemlösungsansatz halten. Die Meeresbiologin Antje Boetius, Direktorin des Alfred-Wegener-Instituts, ging in der weiteren Diskussion kurz darauf ein und meinte in einem persönlichen Pausengespräch, das „müsste man mal durchrechnen".

In einer späteren Pause und nachdem ich nochmals die freien Freitage ins Gespräch gebracht hatte, kam ein Physik-Student auf mich zu. Wie sich schnell herausstellte, hatte er meine Idee auf Anhieb nachvollziehen können und war recht angetan davon. Auch einer der Ethik-Professoren nahm den Faden auf und war offenbar von der Konkretheit der Idee überrascht.

Am 28. November 2019 rief das EU-Parlament in Straßburg mit 429 zu 225 Stimmen symbolisch den Klimanotstand aus. In Australien brennen über den Jahreswechsel 2019/20 so viele Waldflächen ab wie noch nie in einer Buschbrandsaison. Dabei werden schon über 20 Prozent des CO2-Ausstoßes eines ganzen

Jahres erzeugt. Seien es nun Brandstifter, herumliegende leere Flaschen und Glasscherben (Brennglaseffekt) zusammen mit der extremen Trockenheit durch Klimaveränderung und erhöhte UV-Einstrahlung gewesen – es war und ist letztlich die Brandstiftung unseres technisierten Zivilisationssystems, das immer noch hauptsächlich auf fossilen Brennstoffen basiert…

Es anzupassen dauert Jahrzehnte, aber die ersten Kipppunkte des Klimawandels stehen jetzt an, weltweit schlagen die Messwerte Alarm. Der Treibhauseffekt muss sofort vermindert werden. Eine Ökodiktatur schafft das auch nicht, zumal Diktatoren regelmäßig keine Ökologen sind. Was z.B. ein einziger Virus in unserer globalisierten Welt schafft, ist eher erstaunlich: Schulen werden geschlossen, Flugzeuge bleiben am Boden, Betriebe stehen still, ganze Städte…, leere Straßen … - aber niemand möchte so etwas aus Zwang und in Gefahr erleben. Die CoViD-19-Pandemie veranschaulicht sehr drastisch wie sehr die Verantwortung jedes einzelnen Menschen für sich selbst jederzeit zugleich auch eine globale Verantwortung miteinschließt, zeigt aber auch, dass wir Menschen unsere Risikokommunikation und das Risikomanagement insgesamt verbessern müssen. Dabei wird dann auch klar, dass die Risiken, die die Klimaveränderungen mit sich bringen immens noch viel größer und auch zeitlich weitreichender sind als die durch ein neuartiges Virus. Corona-Krise und Klima-Krise weisen eine ganze Reihe von Parallelen auf und zeigen, was geschieht, wenn wir unsere Verantwortung um jeweiligen Zuständigkeitsbereich nicht oder aber eben zu spät wahrnehmen. Dabei geht es nicht um die Schuldfrage – die hilft nicht. Es geht darum, sachgerecht und rechtzeitig zu handeln und (das ist die wohl wichtigste und interessanteste Parallele) die Menschen zu Passivität zu verpflichten: zuhause bleiben, Quarantäne, Absagen von Veranstaltungen, Schließen von öffentlichen Einrichtungen wie Schulen, Kitas usw. bis hin zu Ladenschließungen, Fabrikstillstand und folglich auch Herunterfahren von Kraftwerken. All das zeigt: Wenn die Menschen ihre persönliche existenzielle Krisen-Betroffenheit rationalisieren, sind wirksame Maßnahmen politisch umsetzbar und können - wenn sie schnell nachvollziehbar kommuniziert werden und rechtzeitig erfolgen – tatsächlich die krisensignifikante Exponentialkurve knicken und zum Abflachen wenden. Je später und diffuser das geschieht und mit je mehr Zwanghaftigkeit, desto schwächer ist die positive Akzeptanz und auch die Wirkung. Dabei haben diejenigen Maßnahmen die größte Effizienz, die die Mehrzahl der Menschen zur Passivität anhalten. **Freie Freitage** für die Zukunft sind ein **Maßnahmenbündel des v.a. passiven Klimaschutzes mit Sofort- und Langzeitwirkung**. Auch disruptive Effekte der Krise werden dadurch abgeschwächt, weil sie relativiert werden und nicht erst dann erkannt werden, wenn es zu spät und irreversibel ist.

Daher sollten jetzt (noch) aus freien Stücken zur Abwendung und Vermeidung der ansonsten unausweichlichen emissionsbedingten Klima-Gefahren umgehend **freie Freitage** eingeführt werden:
Nötig ist **ein neuer gesetzlicher Rahmen**, der positive gesellschaftlichen Impulse verstärkt und die freiheitlich-demokratische Grundordnung für die gute Sache beim Wort nimmt. Ich habe deshalb meinen Vorschlag vom Oktober 2019 weiter ausgeführt und ihn am 1. November 2019 der Bundeskanzlerin Angela Merkel in einem offenen Brief geschickt (s. Anhang). Viele positive Rückmeldungen dazu von „interessant“ bis „geniale Idee“ haben mich darin bestärkt, diesen Vorschlag noch weiter auszuarbeiten und als ein Freund sagte „Schreib ein Buch dazu!“ war ich schon mittendrin.

Wie die freien Samstage, die vor 50 Jahren von den Tarifparteien noch erkämpft werden mussten, einen immensen gesellschaftlichen Fortschritt brachten, werden es die **Freien Freitage** ermöglichen, dass in den Köpfen, in den Familien, Gruppen und Vereinen, in den Medien, den Schulen, Betrieben und auch in den Konzernen das Umsteigen auf wirkliche und wirksame Nachhaltigkeit sofort beginnen kann – auch weil es muss. Dabei hilft kritischer und dennoch kooperativer Pluralismus mehr als naiver Populismus. Alle sind betroffen von dem, was kommt, und alle können ihren Beitrag leisten, dass gut wird, was da kommt – möglichst freiwillig.

Der erste Teil des individuellen Beitrages heißt freitägliches Nichtstun. Je besser wir alle es fertigbringen, an diesem einen Wochentag möglichst ohne fossilen Energieaufwand (Kohle, Erdöl oder -gas bzw. daraus gewonnenen elektrischen Strom) auszukommen, desto weniger Kohlendioxid wird emittiert, weil für das verlängerte Wochenende auch viele große Kraftwerke heruntergefahren werden. Dies zu organisieren ist eine klassische gesamtstaatliche Regierungsaufgabe und das erforderliche Gesetzespaket ist im Bundestag und Bundesrat absehbar mehrheitsfähig, sobald die der Maßnahme innewohnenden Win-Win-Strategien erkannt sind. Dabei kann (und soll) mit den hier zusammengestellten Empfehlungen selbstverständlich kein Anspruch auf Vollständigkeit erhoben werden, vielmehr möchte ich einige Gedankengänge exemplarisch zusammenführen, die global wie lokal, individuell wie international, politisch wie wirtschaftlich, biologisch wie gesellschaftlich insgesamt Wege zu zivilisatorisch positiv notwendigen Fortschritten aufzeigen.

Lasst uns also – insbesondere nach den Erfahrungen mit der Corona-Krise – **Freie Freitage** abhalten, arbeitsfrei, schulfrei, möglichst auch autofrei und vor allem gewaltfrei, friedfertig, verantwortungsbewusst und in demokratisch gleichberechtigten Kommunikationsbahnen, damit die Kinder wieder unbefangen lachen können, weil sie dann wissen, dass sie eine (ethisch) gute Zukunft haben.

Thilo Schäfer

Tübingen im April 2020

Determination und Freiheit

Unser bisher trotz einiger historischer Rückschläge recht erfolgreiches Zivilisationssystem existiert auf der Grundlage einiger natürlicher Vorgaben des Lebens auf dem Planet Erde. Die im Universum weitgehend einzigartige Zufalls-konstellation natürlicher Bedingungen, die das Dasein der Lebewesen bisher grundlegend garantiert, hat es den Menschen ermöglicht, ihre Freiheiten zu entdecken und so auszubauen, dass die meisten friedfertig glücklich sein können oder könnten.

Einige Elemente des Natursystems sind nun ausgenutzt, überlastet oder bereits zerstört: aussterbende Tier- und Pflanzenarten, Müll in den Meeren, verdichtete und vergiftete Böden, verschmutztes Trinkwasser, Klimachaos …

Die Gestaltung einer positiven Zukunftsperspektive für heutige und für künftige Generationen erfordert einen Stopp dieser negativen Nebenwirkungen, weil sie existenzielle Gefahren sind. Die größte positive Kraft im Zivilisationssystem ist die Freiheit. Wir brauchen sie und die nötige Zeit, um das Gesamtsystem so zu optimieren, dass es an die Naturbedingungen angepasst weiterexistieren kann.

Das ist ein sehr grundlegender Paradigmenwechsel: Bisher haben wir die Natur an unsere Vorstellungen von einem guten Leben angepasst, jetzt müssen wir unsere Lebensweise gut an das anpassen, was von der Natur noch übrig ist, denn wir sind existenziell davon abhängig und daher ist jegliches Gelingen des Lebens davon abhängig. Frei sein, zivilisiert und kultiviert sein steht dazu nicht im Widerspruch (nur die egoistische Willkür als vermeintliche und leider allzu oft missverstandene ‚Freiheit‘).

Viele – auch ethisch gute - Vorschläge wurden bereits gemacht und ansatzweise auch umzusetzen versucht, aber blieben angesichts laufend zunehmender CO2-Konzentrationen eben doch noch ohne wirklichen Erfolg. Es fehlt in der Regel der starke und zugleich gesellschaftlich breite positive Impuls. Und die Zeit läuft davon. Dabei ist die Größenordnung der

Problematik von den meisten noch nicht erkannt, denn sie ist so ungeheuerlich, dass sie verdrängt wird, um es damit auszuhalten (s.u.: Die Größe des Problems).

Sahen sich die Menschen von den Anfängen der Zivilisationsgeschichte an von der Natur determiniert - in ihrer freien Entfaltung begrenzt – und haben sich im Laufe der Menschheitsgeschichte mit Hilfe von Artefakten und verschiedensten Techniken von der direkten Abhängigkeit weitgehend befreit, so befinden sie sich nun in einer umgekehrten Situation: Weil wir die Natur in unsere Schranken verwiesen haben, sind wir nun für sie und ihre Gesunderhaltung verantwortlich. Sie ist unsere Existenzgrundlage und wir sind zumindest körperlich lebendige Teilsysteme von ihr.

Unsere Freiheit ist zu einer neuen Determination geworden. Indem wir die Natur durch Rohstoffabbau, Wasserentnahme, Artenvernichtung, Abgase, Abwässer, Abwärme und Abfälle determinieren, schränken wir die Basis für die eigene Gesundheit, Versorgungssicherheit und die Gestaltungsmöglichkeiten heutiger und künftiger Generationen ein, arbeiten teils gegen unsere ureigenen Grundinteressen. Diese Zusatzdetermination im bisherigen Zivilisationsprozess ist durch eine qualitativ neue Art von Befreiung auflösbar: durch Seinlassen, d.h. durch bereinigen und befreien des Zivilisationsökosystems von den genannten negativen Nebenwirkungen, indem wir sie regelmäßig unterbrechen, wöchentlich einen Tag Pause machen und sie mittelfristig minimieren, indem wir in den verbleibenden Werktagen das Zivilisationssystem an das Natursystem nachhaltig anpassen.

Im Zusammenhang von Klimagerechtigkeit und Freiheit sei an Hannah Arendts Feststellung zum Ursprung dessen, was wir heute ‚Demokratie' nennen, erinnert: „Freiheit und Gleichheit waren [und sind Anm.d.Verf.] keine Attribute einer wie immer gearteten menschlichen Natur, sondern Qualitäten einer von Menschen errichteten Welt" (H. Arendt: *Denken ohne Geländer*, S.113, erschien 2005 im Piper-Verlag, München).

Freie Freitage

Mein Vorschlag für ein Maßnahmenbündel zum Erreichen der Klimaschutzziele des Pariser Abkommens besteht aus folgenden Elementen:

- **Die Freitage freimachen von Arbeit, Massenemissionen, unnötigem Luft- und Straßenverkehr, unnötigem Konsum und Müll – am effektivsten gesetzlich und bundesweit, besser: europaweit und schließlich weltweit.** Die Einführung der 4-Tage-Arbeitswoche sollte zunächst für mindestens ein Jahr beschlossen werden, um Erfahrungen zu sammeln und damit dauerhafte Regelungen zu schaffen. Das heißt:
- **Möglichst schon donnerstagabends alles abschalten, was klimaschädlich sein kann. Nur Aktivitäten, die sich klimaneutral oder klimaschützend (z.B. Kohlenstoff bindend) auswirken, sind passend an Freien Freitagen.**
- **Von Donnerstagabend bis Montagmorgen Großemittenten abschalten bringt eine sofortige Reduktion der Klimagasfreisetzung** um mindestens ein Fünftel und stellt die nötige Lebens- und Lernzeit für das jetzt notwendige gesellschaftliche Umdenken sowie für die nötige Kreativität für nachhaltige Innovationen bereit, die dem Wohlergehen möglichst aller Lebewesen dienen.
- **Zeit gewinnen**, um zukunftsfähig (oder auch ‚enkelfähig') zu werden und insbesondere den Natursystemen **Zeit lassen**, sich selbsttätig zu regenerieren und dabei Kohlenstoff zu binden.
- Die an **Freien Freitagen** gewonnene **Freiheit als gewonnene Lebenszeit** in individueller Weise nachhaltig gestalten und gestalten lassen. Freizeit hat in allen gegenwärtigen Gesellschaften eine hohe Wertstellung und ist selbst dann, wenn sie als ‚langweilig' empfunden wird, von größtem existenzial-pädagogischem Wert.
- Sicherheit (durch gesetzliche Garantie): CO2-**freie Freitage** sind kein Kündigungsgrund, sondern

zivilisatorische bzw. zivilisierende Ruhetage, Gewalt und Kriminalität haben an **Freien Freitagen** noch weniger Platz und Gelegenheit als sonst, weil ihnen wesentliche Mittel fehlen, die individuelle und soziale Achtsamkeit deutlich gesteigert wird und dennoch Notdienste und öffentliche Sicherheitskräfte Dienst tun.

- Lebensnotwendige Systeme und klimaschutzförderliche Aktivitäten können bereits mit erneuerbaren Energiequellen zumindest klimaneutral betrieben werden. Niemand muss am **Freien Freitag** deshalb frieren oder hungern. In Wohngebäuden eingesetzte Energiequellen und ähnliche Kleinemittenten können auch an **Freien Freitagen** noch fossil betrieben werden. Notbetriebe und Rettungsdienste sind ebenfalls freitags zu gewährleisten. Das hierzu notwendige Personal bekommt flexibel gestaltete Freizeit, die einem freien Wochentag entspricht.
- Das in der gegenwärtigen Situation zutreffende Motto der Lebenserfahreneren ist im 21. Jahrhundert nicht mehr „früher war alles besser", sondern „es war noch nie so gut wie heute, aber wir müssen jetzt einiges ändern, wenn es so gut bleiben soll".
- Konsequent kann mit den **Freien Freitagen für die Zukunft** das als Gesamtgesellschaft fortgeführt werden, was viele Schülerinnen und Schüler mit ihren Freitagsstreiks begonnen haben. Sie sind zurecht um ihre Zukunft besorgt und kümmern sich an **Freien Freitagen** um ihr eigenes Lernen und um zukunftsfähige Projekte in einer Welt, in der 2020 jedes dritte CO2-Molekül der Atmosphäre aus menschgemachten Verbrennungsprozessen stammt und die Hälfte dieses Drittels seit 1990 hinzukam (s. global-climate-compensation.org). Die Jüngeren haben die ehrliche Unterstützung durch Ältere verdient und ihr Engagement darf nicht ausgenutzt oder fehlgeleitet werden. Andererseits besteht auch kein Grund für Generationenkonflikte, wenn man sich klargemacht hat, dass die anstehende Anpassungsleistung nur auf der Grundlage des bisher Erreichten und Erzeugten erbracht werden kann. Auch oder gerade dann, wenn einige Systemteile negiert, eliminiert oder ersetzt werden

müssen, waren sie Beiträge dazu, den richtigen Weg zu finden und ihn jetzt gemeinsam zu beschreiten. Jüngere und Ältere brauchen sich weiterhin gegenseitig, Kooperation schafft auch hier Freundschaft und Zukunft. **Freie Freitage** sollten deshalb auch dafür genutzt werden Antworten zu finden auf Fragen wie „Warum habt ihr das getan oder zugelassen?“ Dass Verantwortlichkeit für die – auch ungewollten – Nebenwirkungen des eigenen Handelns nicht leicht ist, müssen die Jüngeren gerade angesichts der eigenen Ansprüche und Gewohnheiten auch lernen. Alle gemeinsam müssen lernen, konsequent nachhaltig zu werden im Tun und Lassen.

Das Tun und das Lassen

- Jeder und jedem Einzelnen bleibt als bürgerliches Recht freigestellt, das eigene Freitags-frei-Verhalten selbst zu gestalten und das eigene **Zukunftsfähigkeitsethos** zu entwickeln, allerdings wie gewohnt innerhalb eines gesetzlichen Rahmens, nämlich dem der auch die **Freien Freitage** regelt. Damit wird zugleich deutlich, dass - wie bisher - die Freiheit des Einzelnen immer nur so groß ist, wie sie die Freiheit anderer nicht einschränkt. Demgegenüber wird falsch verstandene Freiheit als egoistische Willkür entlarvt, die weder in Form von Speziesimus, Rassismus oder Chauvinismus noch in Form von Sexismus oder Dumping Platz greifen darf, weil diese unzulässig Gewalt ausüben. Vielmehr ist das Grundrecht auf Leben und körperliche wie psychische Unversehrtheit zu achten und prinzipiell sogar auch anderen als menschlichen Individuen zuzugestehen, weil wir Menschen aufgrund unserer historisch und technologisch erworbenen Vormachtstellung in der Biosphäre auch für sie und ihr Wohlergehen mitverantwortlich geworden sind und ihre Existenzen als Beiträge zum Funktionieren des Zivilisationsökosystems anzuerkennen haben. **Freie Freitage** schaffen Erholung für alle lebenden Systeme und stärken besonders die Resilienz der Symbiosen – natürlich zum Vorteil aller.
- Staatliche Stellen, Beamte und öffentlich Bedienstete sind zur aktiven Unterstützung der Bevölkerung anzuhalten und mithilfe multiplikativer Informationsmaterialien in die Lage zu versetzen bei der klimaschützenden Gestaltung der **Freien Freitage** behilflich zu sein. Insbesondere sind demokratische Verfahren der öffentlichen Diskussion v.a. auf kommunaler Ebene geeignet den nötigen – und an **Freien Freitagen** auch möglichen – gesellschaftlichen Transformationsprozess in Richtung Nachhaltigkeit demokratisch und sozialverträglich voranzubringen. Öffentliche Gemeinderatssitzungen, Bürgergespräche und Bürgerversammlungen eignen sich gerade an freien

Freitagen dazu auf lokaler Ebene detaillierte Optimierungen für mehr Nachhaltigkeit und Klimaschutz zu finden und zu implementieren. Sie sind neben dem Meinungsaustausch auch förderliche Elemente der gesellschaftlichen Bildung zur nachhaltigen Entwicklung. Verfahrensweisen der direkten Demokratie können mithilfe digitaler Medien eine partizipative und aktive Bürgergesellschaft und die öffentliche Bürgerwissenschaft fördern und besonders an **Freien Freitagen** nutzbar gemacht werden. Bürgerinitiativen und Bürgergenossenschaften, die lokale und regionale Klimaschutzprojekte fördern oder sogar selbst realisieren, sind auch amtlicherseits unterstützenswert.

- Mit der konsequenten Durchführung der so konzipierten **Freien Freitage** sind die selbst gesteckten und im Pariser Abkommen unterzeichneten staatlichen und globalen Klimaschutzziele möglichst umgehend zu erreichen, aber auch mittel- und langfristig zu sichern. Außer der sofortigen Verminderung des Treibhausgasausstoßes in der Größenordnung von einem Fünftel leisten die freien Freitage die denkbar stärksten Transfer-Impulse zur Umstellung der Teilsysteme in den Betrieben, Haushalten, Städten, Gemeinden und Infrastrukturbereichen, sodass die mittel- und langfristigen Vorhaben mit Zeithorizonten z.B. bis 2030 auch geschafft werden können.
- In Deutschland sind Bundesregierung, Bundestag, Gerichte und weitere öffentliche Institutionen bei der Gesetzgebung, in der Exekutive und Rechtsprechung an die grundgesetzliche Verankerung gehalten: **„Der Staat schützt auch in Verantwortung für die künftigen Generationen die natürlichen Lebensgrundlagen und die Tiere im Rahmen der verfassungsmäßigen Ordnung durch die Gesetzgebung und nach Maßgabe von Gesetz und Recht durch die vollziehende Gewalt und die Rechtsprechung." (Artikel 20a GG)**
  Wenn die bundesdeutsche repräsentative Demokratie Stärke beweisen kann, dann am besten dadurch, dass mit zeitgemäßen Gesetzesbeschlüssen und zeitgemäßem Regierungshandeln sofort wirksame Maßnahmen ergriffen

werden, die nachhaltig Schaden abwenden und zugleich der Freiheit, der Gleichheit und der viel besungenen ‚Brüderlichkeit' Vorschub leisten. **Freie Freitage** sind genau eine solche Maßnahme.
Schülerstreiks oder Gelbwesten oder auch Generalstreiks, Petitionen, Wahlkämpfe und mehr oder weniger folgenlose Neuwahlen gab und gibt es in Europa schon zahlreich. Sie erweisen – obwohl weitgehend demokratische Verfahren – der Demokratie leider keinen guten Dienst, wenn demokratisch Gewählte und insbesondere Regierungen dennoch sich selbst als handlungsunfähig darstellen und ihrem gesetzlichen Auftrag nicht gerecht werden. Erst die Corona-Krise hat gezeigt, dass auch diese Administration funktionieren kann, wenn die EntscheiderInnen die existenziellen Naturbedingungen unserer Zivilisation verstanden haben.
2020 sind **Freie Freitage** eine der historischen, gesellschaftlichen und planetarischen Situation wie auch dem Stand des Wissens und der Technik angemessene staatliche Maßnahme mit einer Fülle von sofort wirksamen positiven Effekten für alle.

- **Geboten ist an Freien Freitagen für die Zukunft:**
  Achtsamkeit,
  Ausruhen,
  Erholung, durchatmen,
  regenerieren, meditieren, massieren, Yoga, Lachyoga,
  Reflexion, nachdenken, vita contemplativa,
  lesen (z.B. dieses Buch) und lesen lassen …,
  freiheitliches, d.h. demokratisch geregeltes, gleichberechtigtes Kommunizieren,
  friedfertig und in Ruhe miteinander reden, spielen,
  nichtkommerzielle sportliche und kreative Beschäftigungen für die und bei denen möglichst keine fossilen Brennstoffe eingesetzt werden
  und (v.a. ehrenamtliche) Tätigkeiten
  zur Förderung des nicht klimaschädlichen Allgemeinwohls
  und
  zur Bildung für nachhaltige Entwicklung – kurz: so ziemlich alles, was seine Zeit braucht und ohne schädliche

Emissionen die Menschen friedfertig in dem völlig gechillten Bestreben vereint, die CO2-Konzentration in der Atmosphäre sinken zu lassen.

- In der **Landwirtschaft** können an **Freien Freitagen** vorwiegend Nachhaltigkeits- und Umstellungsmaßnahmen umgesetzt werden, z.B. solidarische Prosumentenwirtschaft im Zuge der erweiterten Nachbarschaftshilfe als Fitness- und Wellnessaktivität zum ehrenamtlichen Mitmachen und Mithelfen. Die nachhaltige umweltverträgliche Landbewirtschaftung ist damit als gesamtgesellschaftliche Aufgabe positiv erlebbar zu machen.
  Erneuerbare Rohstoffe und Energieformen sind für die Landwirtschaft zu einem weiteren wirtschaftlichen Standbein geworden, auf dem sie an **Freien Freitagen** auch ausruhen kann, denn die vernetzten dezentralen Energie-Anlagen laufen weitgehend selbstgesteuert.
  Als wichtiger und auch langfristig klimarelevanter Rohstoff ist die Erzeugung von Terra Preta (Biokohle) und von plastikfreiem Kompost zur großflächigen Anreicherung der Böden mit Organik zu nennen, die sowohl der Wiederherstellung der Bodenfruchtbarkeit als auch der Speicherung von Kohlenstoff dient. Die Kohlenstoffbindung wächst als landwirtschaftliches Grundkapital umso effektiver, je mehr den Pflanzen – insbesondere den noch vorhandenen lebenden Bäumen – Zeit zum Wachstum gelassen wird, ohne dass weiterhin übermäßig viel fossiles CO2 freigesetzt wird. Letzteres gelingt an **Freien Freitagen für die Zukunft** ohne weiteres Zutun.
  Durch die saisonale Witterung und durch Erntezeiten bedingt können in der Landwirtschaft **Freie Freitage** auch ‚angespart‘ und z.B. in die Winterzeit als Freizeiten verlegt werden.
  Im Zuge des Agro-Tourismus im per Fahrrad erreichbaren Naherholungsraum sind praxisorientierte Wochenendkurse für naturnahe Land-, Forst- und Fischereiwirtschaft umgehend klimagerechtigkeitsfördernd. Dafür ist es von zentraler Bedeutung, zu verstehen, dass die Förderung der natürlichen organischen Kohlenstoffbindung - in allen Lebensformen gleichermaßen - oberste Priorität hat und

z.B. ein bedingungsloses Grundeinkommen in diesen Branchen rechtfertigt.

- In den Städten hat man an **Freien Freitagen** die nötige Zeit sich neuen **Übergangsformen** wie dem Urban Gardening, der Gemeinwohl-Ökonomie und dem Konzept der Nullemissionsstadt der kurzen Wege zu widmen. Dazu gehören neben der Umnutzung von Freiräumen auch Baumscheibenpatenschaften und ähnliche Entlastungen der öffentlichen Infrastrukturbetriebe.
- **Land-, Forst- und Fischereiwirtschaft** haben eine Schlüsselrolle für die zu verstärkende Kohlenstoffbindung. An **Freien Freitagen** sollten unter ehrenamtlicher Anleitung z.B. von Land-, Forst- und Fischereiwirten mit Hilfe von NGO-Freiwilligengruppen Aufforstungen, Schutzgehölzpflanzungen, Watt- Strand- und Uferreinigungen und ähnliche Aktionen durchgeführt werden, um die Zusammenhänge von Biodiversität, Abfallvermeidung, Tierschutz, Habitatschutz, Ressourcenregeneration, Selbstreinigung, Erholung, Ernährung, Gesundheit und echte Wirtschaftlichkeit für möglichst viele Menschen erfahrbar und für die Nachhaltigkeit und verstärkte Kohlenstoffbindung auf Dauer hochwirksam zu machen.
- In **Dienstleistungsbranchen** wie Gastronomie, Tourismus, Fahr- und Flugdiensten sind die grundsätzlich arbeitsfreien Freitage zumindest wie bisherige Feiertage anzugehen, d.h. Flugzeuge bleiben am besten am Boden, Taxis gibt es allenfalls als eMobile und die kommerzielle Gastronomie hat Ruhetag. Feste, Feiern und unterhaltsame Veranstaltungen sind an **Freien Freitagen** Sache der Ehrenamtlichen, der Vereine, Familien und nichtkommerziellen Gruppierungen. Da auch öffentliche Verkehrsträger, Bahnen und Busse an **Freien Freitagen** nur eingeschränkt (z.B. mit dem Sonn- und Feiertagsfahrplan und wenig Personal) transportieren, auf den Straßen ein polizeitechnisch moderierter und weitgehend i. W. emissionsfreier Fahrrad- und solar-elektrisch zulässiger Autoverkehr läuft, ist an **Freien Freitagen** insbesondere der lokale Fahrradverkehr

vorrangig. Frisch- und Lastentransporte, Umzüge etc. bedürfen einer Sondergenehmigung, die aber mit sehr hohen Auflagen verbunden sein muss, um den Nachhaltigkeitseffekt der **Freien Freitage** nicht zu untergraben. In der Übernachtungsgastronomie werden an **Freien Freitagen** die Energieverbräuche durch Weglassen verschwenderischer Luxusangebote drastisch verringert und der Personaleinsatz minimiert. In vielen Fällen kann der Gästeservice auf digitalisierte Selbstbedienung eingestellt werden. Heiz- und Kühlanlagen sind auf geringere Temperaturunterschiede umzustellen. Statt Energie fressendem Schein-Luxus steht der erlebbare Luxus gegenseitig geschenkter Zeit im Vordergrund.

- **Bahnen und Busse** verkehren an **Freien Freitagen** nur in verringertem Maße etwa entsprechend dem Wochenendfahrplan, aber (z.B.) zum halben Preis oder lokal sogar kostenlos. Die Nutzerinnen und Nutzer sind ohnehin gehalten sie nur für unumgängliche Fahrten (z.B. zum Besuch von zu pflegenden Angehörigen) zu benutzen.
- Beschäftigte in **Sicherheits-, Pflege- und Notdiensten sowie in Verkehrs- und Infrastrukturbetrieben**, die freitags Dienst tun, bekommen dafür einen anderen freien Wochentag (z.B. mittwochs). Ähnliches gilt für journalistisch Tätige und Nachrichten-Medien. Unterhaltungsprogramme können dagegen - energetisch klimaneutral - weitgehend automatisiert und werbefrei laufen. Ansonsten darf freitags auch Sendepause sein, denn auch Werbewirtschaft und propagandistische Meinungsinfiltration bzw. Stimmungsmache in Massenmedien schaffen Befangenheit und passen daher nicht zu **Freien Freitagen**. Die notwendigen Transitionsaufgaben erfordern auch psychische Freiheit und Freizeit, damit subjektiv existenziell konstruktive Einstellungen auffindbar werden und ethisch gute Entscheidungen getroffen werden können.
- Der **Freie Freitag** wird auch in der **Industrie** finanziert bzw. gegenfinanziert, indem sich die Arbeits- und Verfahrenseffizienz an den verbliebenen 4 Werktagen innerhalb eines halben Jahres so steigern lässt, dass sich das

anfängliche Manko bis zum Jahresende ausgleicht, wodurch sich die verstärkt laufenden Bemühungen um Digitalisierung, Automatisierung und sonstige nachhaltige Effizienz- und Produktivitätssteigerungen tatsächlich und merklich lohnen für alle an diesen Anstrengungen Beteiligte. Der **Freie Freitag** ist sogar der größte Anreiz dazu bei gleichbleibenden Monatslöhnen und Gehältern. Sowohl in Großkonzernen als auch in mittelständischen Betrieben hat sich in den letzten Jahren bei der Einführung der **4-Tage-Woche** erwiesen, dass damit eine deutliche Steigerung der Mitarbeiterleistung verbunden ist (s. bento.de v. 19.12.2019 „Vier-Tage-Woche" und t3n.de/news/vier-tage-woche-erfahrungen-829155).
Für kontinuierlich laufende Verfahren und Betriebe mit Dauerwechselschichten kann an den **Freien Freitagen** so vorgegangen werden, wie an bisherigen Feiertagen mit minimiertem Personal- und Energieeinsatz. In Einzelfällen erforderliche Ausnahmegenehmigungen sollten als Hauptkriterium die nachweisliche Klimaneutralität am jeweiligen Standort haben, die wenigstens an **Freien Freitagen** zu erreichen ist.

- **Reboundeffekte sind zu vermeiden** und falls nötig zu unterbinden. Aktivitäten, die zwar an den **Freien Freitagen** selbst klimaunschädlich sind, jedoch im Vorhinein oder im Nachhinein oder auch andernorts Klimaschäden erzeugen, sind zu unterlassen. Verdrängen und Verschieben von Kosten und Emissionen ist ein NoGo an **Freien Freitagen**. Auch grundsätzlich ist vor dem Einsatz von sogenannten Nullemissionsgeräten oder -technik genau zu prüfen, ob es sich nicht in Wirklichkeit nur um eine Verschiebung in andere Bereiche, Räume oder Zeiten handelt. So wird beispielsweise für den Bau eines Kernkraftwerks, die Uranförderung und die Bereitstellung von Brennstäben oft ebenso viel CO2 in die Atmosphäre geblasen, wie sich durch den Anlagenbetrieb theoretisch einsparen ließe oder sogar noch mehr. Zu solchem teils maßlosem Verdrängungsverhalten kam es in der Vergangenheit, weil man meinte, dass zu einem zivilisierten Lebensstandard Erscheinungen wie Verschwendung und grenzenlose Bedarfsweckung bzw. Bedarfsdeckung gehören würden.

Dabei handelt es sich um zwanghaft gewordene Willkür, die beweist, dass wir nicht alles dürfen, was wir könn(t)en, wenn wir wirklich frei sein wollen.
Dagegen ermöglichen **Freie Freitage** das Ausprobieren und Einüben neuer individueller und gesellschaftlicher Techniken und Verhaltensweisen, die zur Steigerung der Energieeffizienz (auch mit echten Nullemissionstechnologien), zur Begrenzung von verschwenderisch unnötigen Komfortzonen und zum Übergang vom vermeintlich mangelorientierten Konsumieren zum mitweltbewussten Daseinsgenuss ohne Reue führen, also zu echt positiver Suffizienz.
Auch die Erhaltung und Steigerung der Produktivität an den verbleibenden 4 Werktagen der Woche ist ohne Rebound machbar, wenn dafür die gegenwärtig schon bekannten und einsetzbaren Mittel zur nachhaltigen Effektivitätssteigerung genutzt werden. Für weitere Innovationen auf diesem Gebiet entsteht durch die **Freien Freitage** ein immenser Schub. Ein Ausweichen auf althergebrachte Methoden wie Überstunden oder Sonderschichten sollte nur in Ausnahmefällen und nur vorübergehend zulässig sein, bis auf innovative, nachhaltige und effektive Verfahren umgestellt ist.

- Der **Freie Freitag** für alle hilft Kurzarbeit, Zwangsverrentung und Langzeitarbeitslosigkeit zu vermeiden und mit der ohnehin laufenden Effizienz- und Produktivitätssteigerung werden bei wieder zunehmender Wertschöpfung die **Freien Freitage** weitgehend durch sich selbst finanziert. Die Einsparung der Betriebskosten eines Wochentages ist dazu ein starker und relevanter Beitrag. Investitionen können durch Verlängerung von Abschreibungszeiten gesichert werden.

- **Handwerksbetriebe** können je nach Branche an den **Freien Freitagen** Notdienstbereitschaften einrichten (Sanitär, Heizungsbau, Schlüsseldienste etc.) und ansonsten ihre Dienstleistungen auch z.B. zweimal wöchentlich abends effizient anbieten. An **Freien Freitagen** können viele haustechnische Feinheiten auch im Wege der Nachbarschaftshilfe nachhaltig optimiert werden, so dass sich Profi-HandwerkerInnen auf lukrative Aufträge an den verbleibenden Werktagen konzentrieren können.

- Die staatlich zu garantierenden **Sozialsysteme** werden durch freie Freitage stabilisiert, weil weniger Krankheitstage anfallen, die Pflegedienstpläne entlastet werden und weil die Menschen wenigstens einmal in der Woche Zeit haben sich gegenseitig zu helfen.
- **Selbstständige und Freischaffende** teilen sich ihre Zeit ohnehin selbst ein. An freien Freitagen können sie ungestört ausruhen und/oder kreativ sein und haben auch genug Zeit für Buchhaltung und Steuererklärungen. Um in der nötigen Ruhe Pläne zu machen sind **Freie Freitage** hervorragend geeignet. Damit auch auf diesem Gebiet keine negativen Rebound-Effekte entstehen und freitags keine dunklen Geschäftskanäle genutzt werden, sind auf staatlicher und überstaatlicher Ebene die nötigen Vorkehrungen zu treffen mithilfe von Gegenkontrollmechanismen und Regulierungsbehörden.
- Auf der Konsumentenseite führen **Freie Freitage** schnell zu erheblichen ökonomischen Vorteilen, weil dadurch Verramschungsaktionen wie „black Friday" weitgehend ausfallen, der Handel sich stattdessen an der tatsächlichen (und an freien Freitagen auch geäußerten) Nachfrage nach langlebigen Qualitätsprodukten orientiert und nicht an der Absatzmenge von Wegwerfware. Insbesondere durch CO2-Abgaben sollte schon die Herstellung nutzlos klimaschädigender Waren unterbunden werden. Ethisch verantwortungsbewusstes Wirtschaften heißt auch, dass nicht alles hergestellt werden muss, was (technisch möglicherweise) hergestellt werden könnte, obwohl es nicht wirklich gebraucht wird. Viele Beispiele zeigen, dass sogar Supermarktketten solche Produkte aus dem Sortiment nehmen können und sei es nur, weil sie übermäßig in Plastik verpackt sind.
- **Freie Freitage** bringen **Konsumentinnen und Konsumenten** den Vorteil sich ausführlicher über Produkte, ihre Gebrauchseigenschaften und ihre Umwelt- und Zukunftsqualitäten informieren zu können (schließlich sind sie ja nichts anderes als Investitionen, die eine

(ethisch) bessere Zukunft verheißen sollen), folglich können nun auch in der Werbewirtschaft Angaben zu Ökobilanzen, Gebrauchsdauer, Energieverbrauch, Abfällen und Emissionen die entscheidende Rolle spielen. Die wohlklingenden Versprechungen der Werbe-‚Philosophien' von Unternehmen lassen sich an den freien Freitagen messen, wenn entsprechende Taten folgen, die Güter auch gut für die Zukunft sind, klimaschädliche Waren gekennzeichnet und teuer sind, Produktionsverfahren auf Nachhaltigkeit umgestellt werden und die Speicherung von Kohlenstoff zum echten Kapital wird. Ökonomische Vorteile beim Klimaschutz haben dann Zukunft. Preisvergleichsportale im Internet sind schnell ergänzt mit Klimavorteilsrechnern, Faktenchecklinks etc. und an **Freien Freitagen** lassen sich so in der nötigen Ruhe gemeinsam klimagerechte zukunftsfähige Konsumentenentscheidungen treffen, deren Konsequenzen für die ökonomische, ökologische und soziale Nachhaltigkeit inklusive der Marktmechanismen dann mitbedacht werden können.
Auf diese Weise schützen **Freie Freitage** die Endverbraucher vor unverantwortbaren Fehlentscheidungen und die Hersteller vor unverantwortbaren, da unverkäuflichen Produkten, die ansonsten verboten werden müssten, weil sie zu schädlich sind.

- **Freie Freitage** bringen **bei Abschaltung der meisten Großemittenten** ab spätestens freitags 0 Uhr bis mindestens sonntags 24 Uhr sofort die wirksame Verminderung des CO2-Ausstoßes von etwa 20 %, was in Deutschland bzw. Europa zum Erreichen der teils schon aufgegebenen Klimaschutzziele des Pariser Übereinkommens reichen kann. Hinzu kommt ein stressfreier und lärmfreier wöchentlicher Ruhetag für die gesamte Lebensgemeinschaft, verbunden mit einer unbezahlbaren Erhöhung der Lebensqualität.
- **Energieintensive Prozesse und Anlagen** werden für die **Freien Freitage** und dadurch verlängerte Wochenenden von Donnerstagabend bis Montagfrüh heruntergefahren, was i.d.R. technisch möglich und auch wirtschaftlich von

Vorteil ist. Der verbleibende Energiebedarf und insbesondere der verringerte Strombedarf ist freitags, samstags und sonntags möglichst vollständig durch regenerative Energiequellen zu decken. Im Einzelfall (bezogen auf ein Gebäude, einen Haushalt oder einen Betrieb) ist an **Freien Freitagen** schnell erkennbar, wo genau dies noch nicht möglich ist und es kann dann gezielt an Veränderungspunkten (z.B. Gebäudeheizung, Wärmedämmung etc.) in Richtung Nachhaltigkeit gearbeitet werden, inklusive Versorgungssicherheit im Sinne der Agenda 2030 (Ziel 7: Zugang zu bezahlbarer, verlässlicher, nachhaltiger und zeitgemäßer Energie für alle sichern).

- Auch die **Tourismusindustrie** kann sich auf die arbeits- und emissions**freien Freitage** einstellen. In einigen Häfen dürfen Kreuzfahrtschiffe an manchen Wochentagen schon lange nicht mehr anlegen und es zeigt sich, dass Reisen umorganisiert werden. Wenn sogar schon die extrem CO2-trächtigen Kreuzfahrten mit Umweltschutz und Nachhaltigkeit beworben werden, erweist sich der Bewusstseinswandel der Kundschaft als hilfreich. Das Verständnis für wenigstens einen für alle Beteiligte (abgesehen von der auch hier sinnvollen Notdienstklausel) wirklich ruhigen Ruhetag pro Woche kann vorausgesetzt werden. Gerade der am Luxus und Überkomfort orientierte Glamour-Tourismus macht seine Leistungen erst richtig wahrnehmbar, wenn an **Freien Freitagen** die Aircondition ausgeschaltet ist, die Fitnessübungen ohne Geräte, die Animationen ohne AnimateurInnen stattfinden und die Touristen Gelegenheit haben wirklich dort anzukommen, wohin sie eigentlich schon immer wollten – bei sich selbst.
- In der **Wirtschaft, der öffentlichen Verwaltung und in den Bildungseinrichtungen** sind organisatorische Umstellungen so zu setzen, dass mit den bereits vorhandenen oder ohnehin anstehenden Innovationen (Digitalisierung, Automatisierung, Roboterisierung, Künstliche Intelligenz oder Intensivierung durch zusätzliches Personal) die Produktivität und Wertschöpfung an 4 Werktagen pro Woche bald ebenso hoch ist wie zuvor

an 4 ½ Werktagen (oder sogar höher). Löhne und Gehälter bleiben grundsätzlich gleich, können in besonderen Fällen aber auch von den Tarifparteien neu verhandelt werden.

- **Als 1967, also vor über 50 Jahren, die 40-Stunden-Woche und damit der freie Samstag eingeführt wurde, hat sich gezeigt, wie wirklich fortschrittlich Europa sein kann.** Der **Freie Freitag** ist ein weiterer zivilisatorischer Fortschritt in die nachhaltige Zukunftsfähigkeit für alle. Ähnlich wie vor 50 Jahren steht heute ein heftiger Rationalisierungsschub - nun aber durch die Digitalisierung und Roboterisierung - an, den das Management meist schon seit Jahren im Plan oder zumindest im Blick hat. Erarbeitet wurde er v.a. durch die gegenwärtigen Generationen von MitarbeiterInnen und die Seniorengeneration. Deshalb steht ihnen auch die Arbeitszeitverkürzung ohne Lohnkürzung bzw. Rentenkürzung zu.
  Wie damals der freie Samstag ermöglicht der zusätzlich **Freie Freitag** einen enormen gesellschaftlichen Wandel. Damals entstand die Freizeit- und Selbstbedienungskonsumgesellschaft, jetzt ist die Orientierung des Alltagsgeschehens an Klimaschutz und Nachhaltigkeit angesagt - und da lässt sich sehr viel entwickeln. Das Potential war nur noch kaum einsetzbar, weil den meisten die Zeit dafür fehlte. Die gibt es nun an **Freien Freitagen**. Zur Orientierung dient auf allen Handlungsebenen die Agenda 2030.
- Ein Teil des Arbeitszeitentfalls wird kompensiert, wenn die traditionellen gesetzlichen **Feiertage** – zumindest die, die nicht auf Freitage, Samstage oder Sonntage fallen – als arbeitsfreie Tage gestrichen werden. Für religiöse Feiertage – gleich welcher Religion – ist auf rechtzeitigen Antrag hin vorrangig Urlaub zu gewähren. Die verbleibenden ca. 30 tatsächlich ausfallenden Arbeitstage des Jahres werden außer durch arbeitstechnische Innovationen durch geringere Krankheitsausfälle und höhere Motivation und Effizienz an den übrigen Wochentagen kompensiert.
  Auch auf der Ebene der Weltwirtschaft ergeben sich daraus positive Effekte, wenn möglichst viele an demselben Wochentag echt pausieren und an den anderen

Wochentagen echt (d.h. auch an der Transition) gearbeitet wird. Ein Produktivitätseinbruch ist daher nicht zu befürchten, die Produktivität kann sogar durch höhere Arbeits- und Energieeffizienz sowie durch Suffizienz nachhaltig gesteigert werden durch **Freie Freitage**.

- Geschäftsorganisatorische Probleme hinsichtlich internationaler und globaler **Wirtschaftsprozesse** sind ähnlich lösbar wie die traditionelle Berücksichtigung von Feiertagen oder der Datumsgrenze. In Einzelfällen und besonderen Branchen können staatliche Kompensationen erforderlich sein, die effektiv sind, weil die Außenwirkung der Gesamtmaßnahme dadurch positiv bleibt und nachahmenswert ist. Je mehr Industriestaaten und Schwellenländer ebenfalls **Freie Freitage** einführen, desto näher rücken die Ziele des internationalen Klimaschutzabkommens und damit die Sicherung einer lebenswerten Umwelt und Zukunft. In der globalisierten Wirtschaftswelt führt eine weltweit **gleichzeitige 4-Tage-Woche** zu deutlich höherer Effizienz als das traditionelle Durcheinander von verschiedensten gesetzlichen Feiertagen in verschiedenen Bundesländern, europäischen Mitgliedsstaaten und auf globaler Ebene.
- **Schwarzarbeit ist an den Freien Freitagen unbedingt zu unterbinden** wie schon an den bisherigen gesetzlichen Feiertagen. Die bei Wegfall von bisherigen Feiertagen gleichmäßigere Taktung der Dienstpläne von Sicherheitskräften, Zoll bzw. Bundespolizei verbessert deren diesbezügliche Organisation und Effizienz. Dass die **sozialversicherungspflichtige Beschäftigung** eine mühselige Errungenschaft vieler Generationen von sog. Arbeitskämpfen ist, scheint in vielen Familien in Vergessenheit geraten zu sein. Aber damit der Sozialstaat funktionieren kann, ist dafür zu sorgen, dass die Freiräume und Sicherheiten, die er schafft, nicht durch die egoistische Willkür einzelner ausgehöhlt werden – auch und gerade an **Freien Freitagen**. Dagegen dient echte Nachbarschaftshilfe ohne Geld (also keine Schwarzarbeit) an freien Freitagen der **Steigerung des Ökosozialprodukts**, das als Verbesserung des allgemeinen

Wohlergehens weit mehr umfasst als der herkömmliche ‚Wohlstand'.

- In den **Schulen** sollten – nach entsprechenden Gesetzesänderungsbeschlüssen - die bisherigen 90-Minuten-Doppelstunden auf 60 Minuten verkürzt, mehr Pausen und Teamteaching gemacht sowie die Bildungspläne von veraltetem Ballast befreit, die Lerngruppen auf höchstens 20 Personen verkleinert und die Lehrdeputate auf 15 Zeitstunden Unterricht pro Woche begrenzt werden. Schulfächer wie Geschichte, Religion, Ethik, Erdkunde, Gemeinschaftskunde oder Sozialkunde sollten übergreifend z.B. als Zivilisiationskunde im Teamteaching unterrichtet und gewaltfreie Kommunikation mit demokratischen Methoden eingeübt werden sowie mit den Pflichtbereichen Nachhaltigkeit, interkulturelle Toleranz und Zukunftsgestaltung ausgestattet sein.
  Die unterrichts**freien Freitage** sind ausdrücklich für **das selbstständige kooperative Lernen** vorzusehen und Klassenarbeiten können auch montags geschrieben werden. In entsprechender Weise kann an Hochschulen verfahren werden, um die freien Freitage für die Lernziele des geistigen Arbeitens unterstützend wirksam zu machen. Im eigenständigen, selbstverantwortlichen, individuellen Lernen mit genügend Zeit entsteht echte Nachhaltigkeitskompetenz. Dafür sind freie Freitage auch lerntechnisch gehirngerecht und somit bestens geeignet. Die natürliche, vernünftige, menschliche Intelligenz wird künftig verstärkt gebraucht, um mit der sogenannten künstlichen Maschinenintelligenz zurechtzukommen.
- Staatsbeamte und (protokollfeste) Beschäftigte des öffentlichen Dienstes sind an den **Freien Freitagen** in der Lage und aufgrund ihres Berufsethos gehalten sich an passenden lokalen **Bildungsprojekten der Bildung für nachhaltige Entwicklung ehrenamtlich** aktiv zu beteiligen. Die Bundes- und Landeszentralen für politische Bildung stellen ihnen dafür Materialien zur Verfügung sowie örtlich tätige Vereine und Verbraucherzentralen. Insbesondere in den Bereichen nachhaltiges Konsumieren und klimagerechte Freizeitgestaltung ist ein immenses

Aufklärungspotenzial abzudecken, um **Nachhaltigkeitskompetenz** zu entwickeln. Dabei sind die Formen des demokratischen Meinungsaustauschs auf allen gesellschaftlichen und staatlichen Ebenen immer wieder einzuüben und öffentlich gegenkontrolliert einzuhalten (z.B. durch **Protokolle und öffentliche Dokumentation** auch und gerade auf der Ebene der sog. **Bürgerwissenschaft**). Mit dieser subsidiären, gesellschaftlich hochwirksamen Aufklärungslernmethode sind Ekelerscheinungen wie sog. alternative Wahrheiten aufzulösen. Wahrheit und Erkenntnis – auch des Klimawandels und der Notwendigkeit des Klimaschutzes – sind und bleiben Ergebnisse des vernünftigen gleichberechtigten Diskurses, in dem alle sachlichen Argumente samt nachprüfbaren Belegen vorgebracht und beurteilt werden dürfen, um daraus Zukunftsperspektiven abzuleiten. Vorurteile, unbeweisbare Behauptungen oder deren bloße Wiederholungen oder gar Hassparolen sind kontraproduktive Holzwege, müssen aber gerade deshalb als fehlgeleitetes Denken im öffentlichen Diskurs entlarvt werden, weil sie weder der Wahrheit noch einem als ethisch gut begründbaren Handeln dienen.
Nur aufgrund vernünftiger Schlussfolgerungen und gemeinsamer öffentlich gefasster und mitgeteilter Beschlüsse kann (ethisch gut) gehandelt oder darf eben nicht gehandelt werden. In der gegenwärtigen terrestrischen Situation ist v.a. das Unterlassen von Aktivitäten zu empfehlen, die die Atmosphäre weiter mit schädlichen Treibhausgasen belasten.

- Kulturinstitutionen wie Stadtbibliotheken, Volkshochschulen und Theater können ihre Räumlichkeiten an **Freien Freitagen** örtlichen Vereinen zur Verfügung stellen, insbesondere als gemeinnützig anerkannten Gruppierungen, die **Integration** und/oder die **Bildung zur nachhaltigen Entwicklung** zum erklärten und tatsächlichen Ziel haben. Auf diese Weise sind die **Freien Freitage** die Zeitbasis für die vielfältige interkulturelle Harmonisierung und echte, da nichtkommerzielle Verständigung - mit freiwilligem, ehrenamtlichem Engagement.

- Für die Bereiche der **Kinderbetreuung** und für die **Altenpflege** ergibt der **Freie Freitag** eine wöchentliche sofortige Entlastung der angespannten Situation sowohl auf dem Pflege-Arbeitsmarkt als auch in den Familien. Die freien Freitage bringen die Generationen zusammen und machen bewusster, dass das vielfältige und dennoch individuelle Erleben der persönlichen Geschichte als Teil der Weltgeschichte die Basis ist für eine wirklich positiv wirksame Zukunftsgestaltung.
  Freie Freitage haben durchaus ähnliche Effekte wie Grundrente und bedingungsloses Grundeinkommen, denn sie sind ein Lohn, eine **Belohnung in Form von Lebenszeit**. Viele Omas und Opas haben eine Rentenerhöhung weniger nötig als wenigstens einmal in der Woche regelmäßig Besuch von Nachbarn, Kindern oder Enkeln zu bekommen – **Freie Freitage** machen dies zuverlässig möglich.
- Für **Abfallvermeidung**, z.B. plastikfreies Konsumieren, getrenntes Abfallsammeln und echtes **Recycling in einer klimaneutralen und giftfreien Kreislaufwirtschaft** bringen **Freie Freitage** immense Vorteile und Verhaltensänderungspotentiale. Statt dem früheren „Müllruntertragen“ wird schon durch das gezieltere Konsumverhalten viel unnötiger Abfall von vornherein nachhaltig vermieden, es bleibt mehr Zeit für passendes Getrenntsammeln und differenzierte Bringsysteme (Container etc.) stehen zur Verfügung. Wertstoffhöfe, Recyclingcenter etc. sind i.d.R. wie bisher samstagvormittags geöffnet und sollten zu Rückgabestellen mit Bonuspunktesystemen oder Gebrauchtwarensupermärkten weiterentwickelt werden. Restmüll fällt dann nur noch so wenig an, dass dessen Erfassung über ortsbezirkszentral aufzustellende Sammelbehälter mit digitaler Gebührenzuordnung (Transpondersysteme) erfolgen kann und somit die wegen der **Freien Freitage** ausfallenden Abfuhrtage kompensiert werden.
  Jegliche Form der sog. thermischen Verwertung oder ‚Beseitigung‘ durch Verbrennung von Abfällen ist

gesamtwirtschaftlich nachhaltig kontraproduktiv und daher weitestgehend zu unterlassen oder zu unterbinden insbesondere auch auf Privatgrundstücken oder in Kleinfeuerungsanlagen (Öfen). An **Freien Freitagen** ist genug Zeit, sich über die Konsequenzen falscher Abfallbehandlung für die eigene Gesundheit und die Umwelt klar zu werden und statt einer bloßen Beseitigung lieber den Weg der Wiederverwendung, des Recycling oder sogar des Upcycling zu wählen.

- Für Samstage und Sonntage sind absehbar kaum Veränderungen der bisherigen gesetzlichen Rahmenbedingungen erforderlich (außer um Missbrauch zu unterbinden, z.B. sollten Flugtickets von Donnerstagabend (Hinflug) auf Montagmorgen (Rückflug) bzw. innerhalb des Wochenendes nur ausnahmsweise auf besonderen Nachweis der Notwendigkeit zulässig sein, z.B. für Rettungsflüge). Schwarzarbeit oder auch das Abflämmen von Biomasse auf privaten Grundstücken (wegen unnötiger CO_2-Freisetzung und erhöhter Waldbrandgefahr) ist an **Freien Freitagen** bzw. dadurch verlängerten Wochenenden ebenfalls als Missbrauch zu betrachten und zu unterbinden. Ordnungskräfte sollen deshalb gerade auch in ländlichen Gebieten an einem anderen Wochentag dienstfrei bekommen oder verteilt auf zwei halbe Tage, aber freitags Dienst tun. Kriminelle Energie kann zwar durch öffentliche Kontrolle allein auch an **Freien Freitagen** nicht aus der Welt geschafft werden, aber gerade dann, wenn aus ethischen Gründen alle frei bekommen, muss öffentlich sichtbar verhindert werden, dass diese Freiheit als Willkür missverstanden wird.
- Weil man an **Freien Freitagen** genug Zeit hat den Warenkonsum ausführlich vorzubereiten, zu diskutieren und zu planen, besteht die begründete Hoffnung, dass zumindest samstags gezielter (mit weniger Verkehr), genüsslicher (mit weniger Stress), nachhaltiger (mit mehr Blick auf Haltbarkeit, Energieverbrauch und Langlebigkeit der Waren und Dienstleistungen), gesundheits- und umweltbewusster (mit Blick auf das Ökodesign der Produkte, auf das Umwelt-Image der Hersteller und die

Müllvermeidung) konsumiert wird.
Da der klimaneutral erzeugte elektrische Strom heutzutage auch an **Freien Freitagen** reicht, um das Internet am Laufen zu halten, sind **Freie Freitage** auch dem technologischen Zeitalter angemessene Familientage, weil sie die nötige Zeit bieten den Informationsüberschuss aus den digitalen Medien persönlich abzugleichen, darüber ins Gespräch zu kommen, Mediendiäten gemeinsam zu gestalten, gemeinsam zu e-shoppen oder eine Reise kooperativ kommunizierend zu planen usw.
Freie Freitage eignen sich für befreiende Diäten aller Art: handyfrei, fettfrei, zuckerfrei, fleischfrei, grillfrei, müllfrei usw.
Konsum, Umsätze und Bruttoinlandsprodukt steigern sich dadurch dennoch und zwar in eine zukunftsfähige Richtung: Die Sortimente werden auf die Nachhaltigkeitsanforderungen und den Bewusstseinswandel schnell umgestellt und die Mehreinnahmen an Umsatzsteuer oder auch CO2-Abgabe finanzieren staatliche Kompensationszahlungen dort, wo wegen der Umstellung erhöhte Kosten entstehen.

- **Mittelfristig** besteht die begründete Hoffnung, dass die freien Freitage die wesentliche und hinreichende Voraussetzung dafür sind, dass der für die tatsächliche Implementierung von Nachhaltigkeit, Bürgerwissenschaft, demokratischer Erneuerung und Gemeinwohlwirtschaft erforderliche grundlegende gesellschaftliche Wandel von den Menschen vollzogen wird, wenn ihnen einerseits die für diesen Bewusstseins- und Verhaltenswandel erforderliche Zeit zur Verfügung steht und andererseits die dringende Notwendigkeit augenfällig wird. Besonders lohnend sollte die Teilnahme an **Zukunftswerkstätten** etc. für die BürgerInnen und Bürger während des Jahres gestaltet werden, die v.a. an **Freien Freitagen** stattfinden. Ziel ist es, lokale, regionale und global wirksame Strukturen selbst zu schaffen, die für alle Beteiligten und Betroffenen als Win-Win-Verhältnisse dauerhaft transparent sind (z.B. vernetzte Biomasse-, Solar- und Windkraftanlagen als Bürgerprojekte).

- **Langfristig** wird mit diesem Maßnahmenbündel den Bürgerinnen und Bürgern die Chance eröffnet sich selbsttätig und mit bildungspolitischer staatlicher Hilfestellung eine deutlich höhere Lebensqualität und konkretere Zukunftsperspektive anzueignen durch den Paradigmenwechsel zum verantwortungs- und umweltbewussten gesellschaftlichen, wirtschaftlich tragfähigen, nachhaltigen und alltagskulturell vielfältigeren und dennoch ausgeglicheneren Lebensstil. Die ohnehin notwendige und auch schon in Gang gesetzte Umstrukturierung der Wirtschaft als Teil der Zivilgesellschaft hin zur Nachhaltigkeit wird durch die Maßnahme erleichtert und beschleunigt, weil die Bürgerinnen und Bürger auch als MitarbeiterInnen und als KonsumentInnen das Zusammenstimmen ihrer Beiträge zum zukunftsfähigen Ganzen dann anstreben, wenn sie auch den eigenen Vorteil als positiven Lebenssinn darin erkennen.
  Der Gewinn an freier Lebenszeit und damit existenzieller Freiheit und existenzieller Verantwortung ist für das selbstverantwortlich denkende und immer auch ethisch-politisch verantwortlich handelnde menschliche Individuum nach heutigem Erfahrungs- und Wissensstand die notwendige und hinreichende Voraussetzung dafür, das Leben als solches (und als eigenes) zu genießen, wertzuschätzen, zu schützen und zumindest das Notwendige zu tun, um es weitergehen zu lassen: ihm freitags eine wirkliche und positiv wirksame Pause gewähren.

Es sollte durch die pragmatische Lernmethodik in diesem Maßnahmenbündel jeder und jedem verständlich werden, dass es im demokratischen Staatswesen und gesamtgesellschaftlich auf die Kooperation aller ankommt, **um den gegenwärtigen und auch künftigen Generationen ein Leben in freier Selbstbestimmung und in einer lebenswerten Mitwelt zu ermöglichen**. Dass dafür die Konsumgewohnheiten geändert, Energie- und Materialverschwendung abgeschafft und zukunftsfähige Handlungs- und Verhaltensweisen auch individuell angeeignet und ausgeübt werden müssen und ein weltbürgerliches Verantwortungsethos als Grundhaltung aufzufinden ist, erfordert eine intensive ethische und politische Debatte auf allen Ebenen – und Zeit. Dafür sind alle gesellschaftlichen Kräfte und Formationen ebenso wie die öffentlichen Institutionen gefordert besonders an **Freien Freitagen** Aktionsformen und Strukturierungen anzubieten, die ein friedvolles Miteinander ermöglichen. Jegliche Formen von Gewalt sind zu unterlassen und zu vermeiden, wofür auch freitags das entsprechend geschulte Personal einsatzbereit sein soll. Über die Gründe für Gebots- und Verbotsmaßnahmen muss nachvollziehbar aufgeklärt werden, ähnlich wie über die Ge- und Verbote der Straßenverkehrsordnung. Angesichts der zu erreichenden Klimaschutzeffizienz sind die für die Durchführung der **Freien Freitage** nötigen Umstellungen und Gesetzesänderungen relativ gering.

- **Der freie Freitag bringt beide aktuellen Mainstream-Lifestyletrends zusammen, die eigentlich als unvereinbar gelten: Wer so weitermachen möchte wie bisher (mit Luxus, Verschwendung usw.), kann das tun und legt einfach freitags einen Tag Pause ein, wer einen zukunftsfähigen Lebensstil verwirklichen oder zumindest ausprobieren möchte, kann das zwar den Rest der Woche auch, aber an den freien Freitagen zeigt sich real, was Nachhaltigkeit tatsächlich bedeutet, wie zielführend sie ist und wie sie technologisch und gesellschaftlich umsetzbar ist.** Beide Seiten treten so in einen anhaltenden, aber nicht atemlosen gesellschaftlichen Lernprozess ein, der die Zivilgesellschaft stärkt, erneuert und insgesamt zukunftsfähiger macht.

Die zentrale Botschaft ist: unsere Freiheit, unseren Wohlstand usw. können wir nur erhalten, wenn wir in der Lage sind oder uns in die Lage versetzen, unsere Zivilisation an die global umfassenden natürlichen Lebensbedingungen anzupassen und das ist eine staatlich regulierbare Gemeinschaftsleistung mit deren Gelingen die Lebensqualität generell und individuell zunimmt, egal welche Meinung man dazu haben möge, egal welchen Traditionen man nachhängt, egal wo und wie man sich zugehörig fühlt – **Freie Freitage** sollte es überall geben.

„Wo kämen wir hin, wenn alle sagten: Wo kämen wir hin? und niemand ginge, um zu schauen wohin man käme, wenn man ginge?“ (Kurt Marti)

- Einige werden rufen: „Bloß keine Experimente!“ Aber die vorgeschlagenen freien Freitage sind kein Experiment. Sie sind vielmehr ein Ziehen der Reißleine auf dem Blindflug ins Ungewisse. Der Blindflug, den die Menschheit mit der massenhaften Freisetzung von fossilem CO2 vor etwa 300 Jahren begonnen und v.a. in den letzten 30 Jahren zigfach gesteigert hat, das ist das Experiment in dem wir uns alle befinden. **Freie Freitage** verschaffen uns die nötige Zeit, um außer Gefahr zu kommen.
- Andere werden sagen: Fangt schon mal an und zeigt uns, was das bringt. – Aber dafür ist es jetzt zu spät:
  Seit Jahrzehnten versuchen die Vorbildlichen mit Solaranlagen auf den Dächern, Regenwasserspeichern, Fahrradfahren, Bioläden, Bahnpendeln usw. tatsächlichen Klimaschutz zum Wohle der Allgemeinheit zu praktizieren. Solange aber die Großemittenten dabei immer noch größere CO2-Kontingente verschleudern, ergibt sich in der Summe leider kein Klimaschutz. **Freie Freitage** für alle ermöglichen das Pausieren der Großemissionen und das ändert wirklich sehr rasch sehr viel.
- Einige werden behaupten: Das gehe überhaupt nicht, das rechne sich nicht, das sei nicht durchführbar, das gebe ein Chaos usw.
  \- Aber die Gesamtwirkung der **Freien Freitage** lässt sich nicht genau vorausberechnen oder algorithmisch systematisieren, weil ein Paradigmenwechsel in einem komplexen System weder logistisch noch vollständig quantifizierbar vorherbestimmt werden kann, zumal wenn viele selbst denkende und selbstbezüglich zukunftsverantwortlich handelnde Lebewesen Teile des Systems sind. Andererseits ist allerdings auch nicht vorausberechenbar, welche Szenarien sich abspielen würden, wenn die gewohnte Umgebung

wetterchaotisch immer mehr verrückt spielt und welche Verhaltensweisen dann mit welchen Effekten die Oberhand gewinnen. Beide Szenarienwege sind notwendig zukunftsoffen: die Weitermachszenarien mit immer mehr Determination und Zwangsläufigkeit, die **Freien Freitage** mit mehr Freiheit und Nachhaltigkeit.

- Unmöglich durchführbar – werden einige rufen …
  Die Politik der Vergangenheit hat möglich gemacht, was den meisten bisher unmöglich erschien, nämlich dass wir die Biosphäre als unsere eigene Lebensgrundlage aus dem Blick verloren haben und sie zugrunde richten. Genau deshalb brauchen wir die **Freien Freitage**, sie sind nicht nur möglich, sondern sogar notwendig, weil sie uns den nötigen Umstieg, den Wechsel zur tatsächlichen Nachhaltigkeit umgehend als Weg freimachen.

- Solche, die immer alles auf andere schieben, werden sagen: „Aber die anderen werden nicht mitmachen“ - Man stelle sich vor, Deutschland führt freie Freitage ein mit einem Fahrverbot für KfZ, die keinen E-Antrieb haben: freitags könnten nur sehr wenige Fahrzeuge aus Anrainerstaaten durch Deutschland fahren. Die Logistiker werden einiges umstellen und z.B. LkWs auf Güterwaggons verladen, aber ansonsten wirkt sich das klimapolitisch nachhaltig positiv auf andere Länder aus. Wenn ein Staat einmal zeigt, dass es geht, sind ziemlich schnell ziemlich viele andere im Zugzwang, denn welche Bevölkerung würde nicht sofort auch für **Freie Freitage** einstehen?

- Einige werden sich an den **Freien Freitagen** unvernünftig verhalten – das ist ein durchaus menschliches Phänomen und offenbar manchmal notwendig, um vernünftig zu werden. Wenn der Wert der geschenkten freien Zeit erst einmal richtig erkannt worden ist, wird man sich ihr zuliebe so verhalten, dass man diese Freiheit nicht wieder verliert.

Erst die Durchführung der Maßnahme „Freie Freitage für die Zukunft“ liefert die nötigen Daten, um herausfinden zu können, was genau sie bewirkt. Damit sie mehr Gutes als Schlechtes bewirkt, muss jedoch nicht einmal die Mehrzahl aktiviert werden, denn das Wichtigste dabei ist ja, dass die Mehrzahl freitags möglichst passiv sein darf. Genau darin liegt wohl die größte Stärke und Überzeugungskraft dieser Maßnahme. Dabei dient dieses freitägliche Nichtstun der Erholung der Menschen, die dann und dadurch an den übrigen Wochentagen für die ohnehin nicht nachlassend gesteigerten Anforderungen des maximierten Wirtschaftslebens gefeit sind und an dessen klimaschutzorientierter, optimierter Anpassung aktiv und wahrhaftig gewinnbringend teilhaben können.

Sofortmaßnahme mit Dauerwirkung

Würde kein Umschwung zur Nachhaltigkeit in der Größenordnung der **Freien Freitage** (mit dem Effekt von sofort minus 20% CO2) jetzt angestoßen, dann müssten spätere Maßnahmen in ihrer Wirkung noch größer und tiefgreifender sein und sie wären mit deutlich stärkeren Einschränkungen, wesentlich drastischeren Verboten und sicherlich weniger Freiheit verbunden, was ein Umschlagen in aggressive und gewalttätige Verhaltensweisen befürchten ließe. Jetzt **Freie Freitage für die Zukunft** einführen ist nicht nur eine der Problemlage angemessene und zeitgemäße, sondern auch eine für das Herkömmliche verkraftbare Umstellung und positive Weiterentwicklung, vor allem aber ein gesellschaftliches Geschenk für den zivilisatorisch notwendigen Bewusstseinsschub, der in der Coronakrise heftige Impulse erhalten hat – die Kurve glätten:

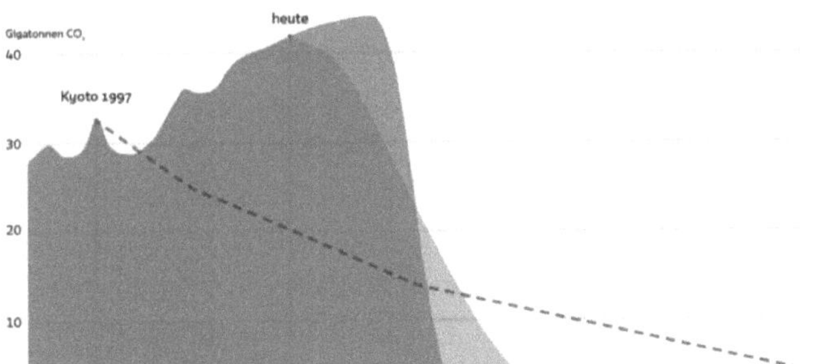

Mehr CO_2-Emissionen verkraftet die Erde nicht: Je später wir mit der Reduzierung beginnen, desto einschneidender müssen die Maßnahmen sein und desto verheerendere soziale Verwerfungen sind zu erwarten.

Quelle: GLS-Bank, 07.01.2020

Zu einem späteren Zeitpunkt rigorosere Maßnahmen durchzusetzen, ist absehbar schwieriger, weil sie als zwanghaft notwendig erscheinen und daher schnell angstbesetzt sein können. Angst ist allerdings ein schlechter Ratgeber für

Menschen, die gerade erst gewahr werden, dass wir unser Verhalten grundlegend ändern müssen, wenn das Leben insgesamt auf diesem Planeten human weitergehen soll.
Im Unterschied zu früheren ähnlichen gesamtgesellschaftlich und staatlich umgesetzten Maßnahmen (z.B. autofreie Sonntage in den 1970er Jahren) gibt es keine Verschiebebahnhöfe mehr. Die Kosten für eine veränderte Atmosphäre kann die Menschheit nicht auf jemand anderes abwälzen. Alle atmen aus derselben Atmosphäre und alle leben – wenn auch mit unterschiedlich großen ökologischen Fußabdrücken – auf demselben Planeten. Nur wenn die auch finanziell reichen Staaten – u.a. wegen ihrer historischen Verantwortung – in der Entwicklung zur Nachhaltigkeit vorangehen, kann ein friedlicher, evolutionärer, zivilisatorischer (und ziviler) Lernprozess entfaltet werden, denn freie Freitage sind eine von allen für alle anzustrebende Win-Win-Situation – sogar für kommende Generationen.
Als gesellschafts- und wirtschaftshistorisch vergleichbare Wandlungsmaßnahme kann die Einführung der 40-Stunden-Woche gesehen werden. Sie wirkte damals schnell in alle Betriebe und Familien hinein und führte dennoch zu einem zuvor nie dagewesenen gesellschaftspolitischen Erfolg, der auch als zivilisatorischer Fortschritt empfunden wurde und heute als selbstverständlicher Standard gilt.

Mit diesem Vorschlag soll ein Impuls für die nötige Konkretisierung der Forderung „doch endlich etwas zu tun" gegeben werden – einfach **einen Tag in der Woche das herkömmlich Klimaschädliche weitgehend sein lassen und wenigstens an diesem Wochentag nur nachweislich Klimastabilisierendes tun sowie der Natur Erholungszeit lassen.** Dabei ist das einfache industrielle Nichtstun das Effektvollste, was wir jetzt an freien Freitagen für die Zukunft tun können. Wenn es dann noch mittel- und langfristig gelingt, die in der öffentlichen Diskussion befindlichen vielfältigen anderen Maßnahmen und Verhaltensweisen zur tatsächlichen

Nachhaltigkeit an den übrigen Werktagen auch ins industrielle Tun einzubauen und dieses in den kommenden Wochen, Monaten, Jahren und Jahrzehnten nachhaltig umzugestalten, kann das globale wie lokale Zivilisationssystem, insbesondere das Klimasystem, sich wieder in einen quasistabilen Zustand mit sich ausgleichenden Fließgleichgewichten einpendeln. Dafür haben wir heutige Generationen die Verantwortung, die wir jetzt mit der Durchführung der **Freien Freitage** wirksam wahrnehmen.

Vorausberechenbar ist Zukunft grundsätzlich nicht, aber eine begründete Hoffnung auf Besserung besteht nur, wenn wir nicht weiter wissentlich das Falsche tun, sondern dem Richtigen eine Chance geben – wenigstens immer freitags.

Die Größe des Problems und das Format des Menschseins

Seit Alexander von Humboldt im 19. Jahrhundert die Klimate der verschiedenen Erdregionen begonnen hat zu vergleichen, konnten die Menschen beginnen zu begreifen, was hinter dem Wetter steckt, mit dem sie sich alltäglich abzufinden haben. Das Klima - als der Zustand der Atmosphäre in einer Region über einen längeren Zeitraum gemittelt – wird seither als etwas eher Statisches, gleich oder ähnlich Bleibendes in den Schulen gelehrt und gelernt. Das Wetter – als der Zustand der Atmosphäre an einem Ort zu einem bestimmten Zeitpunkt – ist hingegen etwas Vorübergehendes. Das Wetter wird von jeder und jedem einzelnen Menschen subjektiv erlebt und ist alltäglicher Gesprächsstoff. Man kann sich darüber streiten, ob das heutige Wetter „gut“ oder „schön“ oder „schlecht“ ist oder ob es wohl „besser“ wird und dass doch morgen „hoffentlich“ die Sonne scheine und findet in den Gesprächen über das Wetter mehr oder weniger Gewissheit. Je mehr Menschen man fragt, desto deutlicher wird, dass Wetterphänomene recht unterschiedlich wahrgenommen, interpretiert und bewertet werden. Trotz eines heutzutage immensen Aufwands an Messgeräten, Computerprogrammen und riesigen Rechnerkapazitäten weisen die täglichen Wetterprognosen verschiedener Institute und Firmen noch deutliche Unterschiede auf und während manche Wetter-Apps minutengenau den tatsächlich eintreffenden Regen anzeigen, können andere für denselben Ort und Zeitpunkt „heiter bis wolkig“ anzeigen. Trotz moderner Technik sind wir Menschen also immer noch den ‚Unbilden‘ des ständigen Wetterwandels ausgesetzt und getreu dem Motto „Es gibt kein Wetter – nur eine Ausrüstung“ versuchen wir, es zu ignorieren: Wir beschirmen uns, tragen Funktionskleidung, schalten den Scheibenwischer ein und verbringen halbe Urlaube in Museen und Hallenbädern – trotz des Wetters.

Diese Ignoranz geht z.B. im Tourismus so weit, dass man gebuchte Badeausflüge trotz angesagter Sturmflut macht, dass Schulklassen in überfluteten Höhlen tagelang eingeschlossen werden oder

Bergsteigergruppen gerettet werden müssen, weil sie angeblich „vom Wetter überrascht“ wurden. Im Umgang mit dem Wetter ist also der in einigen Millionen Jahren und entsprechend vielen Generationen entstandene menschliche Wahrnehmungsapparat zwar in der Lage Wetterphänomene zu realisieren, aber offenbar fällt es uns schwer angemessen und konsequent danach zu handeln und sich in entsprechend angepasster Weise zu verhalten.

Was inzwischen anthropologisch über den Wahrnehmungsapparat der Menschen bekannt ist, besagt u.a. dass unsere sensorischen Wahrnehmungen mit Augen, Ohren, Nase, Mund und dem Ertasten von Gegenständen lediglich auf einen Mittelbereich zwischen den mikroskopisch winzigen und den makroskopisch unübersehbar riesigen Dingen gerichtet sind. Was zu klein ist und was zu groß ist, können wir nicht erspüren, sondern nur aus dem erschließen, was wir mithilfe von Messgeräten und Berechnungen darüber herausbekommen können. Die Erddrehung ist beispielsweise ein für unsere direkte Wahrnehmung zu großes Phänomen. Stattdessen sehen wir, dass anscheinend die „Sonne aufgeht und untergeht“ und wiederholen in unserer Alltagssprache diese eigentlich falsche Wahrnehmung laufend, obwohl wir seit Galileis Nachweis vor 400 Jahren wissen, dass es die Erde ist, die sich als Planet einmal täglich um sich selbst dreht. Weil die Erdachse schräg geneigt ist, drehen wir uns mit ihr an einem Ort auf dem Planeten wie auf einem schräggestellten Karussell und es sieht deshalb für uns so aus, als würde der weit draußen im Weltall fixierte Scheinwerfer Sonne sich an unserem Horizont auf und ab bewegen, während wir uns in seinem Lichtschein vorbeidrehen.

Naturphänomene werden sehr häufig nicht richtig wahrgenommen, weil unser Wahrnehmungsapparat weder auf mikroskopisch kleine noch auf die großen Dinge und Zusammenhänge geeicht ist. Dazu kommt, dass er von Vorstellungsbildern regiert wird, die als Wahrnehmungsfilter der wirklichen Erkenntnis vorgeschoben werden. Eines davon ist die Rede vom „Sonnenaufgang und Sonnenuntergang“. Beides gibt es objektiv nicht, sondern nur in den Sprachen der Erdbewohner, die jenen Scheinwerfer da draußen als bewegt wahrnehmen und gar nicht spüren können, wie schnell sie sich auf ihrem Karussell drehen. Obwohl wir seit über 16 Generationen wissenschaftlicher Aufklärung wissen, dass dem nicht so ist, haben wir die metaphorische, sprachbildliche Vorstellung vom „Aufgang“ und „Untergang“ immer noch in unserem ständig wiederholten Sprachschatz, was eigentlich nichts anderes ist als Fake News aus der Astrologie vergangener Jahrtausende, die sogar in religiöse Vorstellungen übergegangen sind oder als Mythen reflektiert werden (so z.B. der altägyptische Mythos vom Sonnenschlitten, der angeblich über ein Himmelsgewölbe gezogen werde).

Aber ebenso wie Erdbeben nicht mehr mit der „Unzucht unter den Menschen“ oder mit dem „Teufel“ begründet werden können, sondern mit der Plattentektonik wissenschaftlich nachgewiesen und zuverlässig erklärt werden, ebenso muss auch sonst diejenige objektive Gewissheit Geltung haben, die von grundsätzlich allen Menschen auch als subjektive Gewissheit nachvollzogen werden kann – als tatsächliches, **nachprüfbares Wissen**. Nur was nachgeprüft wirklich gilt, kann als **Entscheidungsgrundlage für das Tun oder Lassen** taugen. In der Geschichte der Menschheit gibt es schon genug Beispiele dafür, dass Entscheidungen, deren Folgen letztlich alle betrafen, auf Glaubenssätzen beruhten, die sich hinterher als falsch erwiesen. Das kann sich die heutige Bevölkerung des Planeten Erde aber nicht mehr leisten. Fake News und unbegründete Falschbehauptungen werden durch ihre Wiederholung nicht wahrer. Allerdings ist ein Publikum, das auf Werbung als Kommunikationskanal getrimmt ist, weit anfälliger dafür, wiederholte Falschbehauptungen als Wahrheit zu verstehen, als eines, das auf Diskussion, Selbstvergewisserung und eigenständige Anwendung des gesunden Menschenverstandes aus ist.

Klimaveränderungen sind so großräumig und so langfristig, dass wir Menschen sie nicht überschauen können. Es ist deshalb einfach und naheliegend, dass wir sie ignorieren. Diese Ignoranz erweist sich allerdings angesichts der Verwüstung früherer Kulturräume als fatal. Aber wir können anhand von Messungen, Bildern und Daten-Aufzeichnungen Vergleiche anstellen.

Weltweite Vergleichsmessungen gibt es seit etwa 200 Jahren. Aus der Geschichtsschreibung, die in Ägypten vor etwa 5000 Jahren begann und aus archäologischen, paläontologischen, geologischen und glaziologischen Daten setzen sich weitere klimatologische Erkenntnisse über die vergangenen Klimaentwicklungen auf dem

Planet Erde zusammen. Mithilfe von Computersimulationen, Rechenmodellen und Szenarien können sie nachvollziehbar abgebildet werden. Auf diese Weise lässt sich zusammenfassen, was an sehr vielen Stellen auf unserem Heimatplanet oft als Einzelphänomene beobachtet wird: die Gletscher in den Hochgebirgen schmelzen ab und verschwinden, der Meeresspiegel steigt, die Größe, Stärke und Anzahl von Stürmen nimmt zu und die Anzahl wie auch das Ausmaß und die Heftigkeit von Überschwemmungen, Dürren und Waldbränden nimmt deutlich zu – man kann auch das alles immer wieder als „Einzelfälle" deklarieren und ignorieren, aber in der Summe eben nicht. Betroffen sind nämlich nicht nur diejenigen, die es direkt trifft, sondern alle. Sei es beim Sonnenbaden mit UV-Schutzfaktor 50, als Landwirt mit ausgetrockneten Böden oder als Hausbewohner mit Gebäudeversicherungskosten, die in den letzten 10 Jahren auf das Doppelte gestiegen sind aufgrund der Schäden durch die Klimaveränderungen.

Die Größe des Problems lässt sich auch in Zahlenbeispielen veranschaulichen: Um das in Deutschland bei Verbrennungsprozessen derzeit ausgestoßene Kohlendioxid auf der eigenen Fläche als Kohlenstoff wieder zu binden, also echt klimaneutral zu sein, müsste auf der gesamten Staatsfläche gesunder Wald wachsen und zwar in drei Stockwerken…

Der dringend umzusetzende Vorschlag von Wissenschaftlern, doch überall mehr Bäume anzupflanzen, kommt also nicht von ungefähr. Allerdings kommt er zu spät, um damit allein noch vor weiteren Klimaveränderungen zu schützen. Denn selbst dann, wenn immense Flächen sofort aufgeforstet würden, hätten sie längst nicht so viel Kohlenstoffbindekraft wie gesunde Waldflächen mit bereits großen Bäumen. Die nötige Wuchszeit ist also eine weitere Größe, die wir Menschen kaum wahrzunehmen und einzuschätzen in der Lage sind. Außerdem haben Forstwirte überall auf dem Globus zusehends immer mehr Schwierigkeiten ihre Wälder wenigstens zu erhalten. Neben den zunehmenden Waldbränden, verheerenden Stürmen, Überschwemmungen, illegalem Holzeinschlag und Massenrodungen ist es vor allem die grassierende Trockenheit, die als eindeutige Folge von Klimaveränderungen großflächige Waldsterben befürchten lässt. Es braucht jahrzehntelanges Bäumepflanzen, um allein schon diese ausfallenden Kohlenstoffsenken zu ersetzen. Um der räumlichen, zeitlichen und gesellschaftlichen Größe des Problems nahe zu kommen, braucht es angemessen große Maßnahmen. Die **Freien Freitage** sind eine solche und zwar in vieldimensionaler Weise.

Ethik des guten Wandels

Anthropologisch betrachtet sind wir als Primaten mit aufrechtem Gang von Geburt an auf maximale Kooperation angewiesen, um überhaupt zu existieren. Je egoistischer und vermeintlich individueller man sich wähnt, desto mehr braucht man die anderen. Was wäre der Milliardär ohne die Milliarden von Konsumenten, die die Produkte seiner Firmen und Beteiligungen kaufen oder gekauft haben und dafür bezahlen ?

Ein spezifisches Merkmal des Menschen ist, dass jegliches Handeln, Verhalten, Tun oder Lassen (und sei es unbewusst, im Affekt oder ‚ungewollt') nach sprachlich fassbaren Grundsätzen geschieht, also einer ‚Moral' folgt. Von einer ‚Haltung' bis hin zur ausgefeilten Programmatik sind in jedem Individuum und insbesondere im menschlichen Gehirn rationalisierbare Abläufe gespeichert, deren Aktivierung vom handelnden personalen Subjekt ausgeht, nachdem es sie als für sich ‚gut' bewertet hat. Auf der Gruppenebene kann dieses ethisch Gute sowohl von den anderen vorgegeben als auch gegenbestätigt werden. Der Grad der Übereinstimmung von personaler Wahrheit mit den Wahrheiten von Communities bestimmt die politische Zuordnung Einzelner zu gesellschaftlichen Gruppierungen. Der kommunikatorische Reflexionsbereich von Individuen in Gruppierungen als Kombination ihrer handlungssteuernden Moralvorstellungen wird das ‚Ethos' genannt, z.B. das Berufsethos der Ärzte und Ärztinnen, die zu Beginn ihrer beruflichen Laufbahn einen Eid ablegen, dem Wohle anderer zu dienen. In ähnlicher Weise fungiert die Zuordnung zu politischen Parteien z.B. bei Wahlen als Gruppen-Ethos und die dabei in Form des ‚Wahlkampfes' kommunizierte Programmatik – als Ergebnis der reflektierten und veranschaulichten Weltsichten – entspricht dem Anfang eines Gerinnungsprozesses von Moralia in Richtung auf geschriebene Gesetze, die für alle gelten sollen, sobald sie einen weitreichenden demokratischen Diskurs bzw. eine parlamentarische Debatte durchlaufen haben und darüber abgestimmt wird. Sobald ein Gesetz zur exekutiven Anwendung – also zu staatlichem Handeln – gelangt und damit seiner Bewährung in der gesellschaftlichen Realität durch Taten und Rechtsprechung ausgesetzt wird, ist dieser Gerinnungsprozess von der Moral zum Recht vorläufig abgeschlossen. Die Vorläufigkeit bleibt bestehen und ist ein Markenzeichen wirklich demokratischer gesellschaftlicher Organisation (in Form von Staaten) als sogenannte offene Gesellschaft.

In ganz ähnlicher Weise verläuft der wissenschaftliche Diskurs: Zunächst werden zu bestimmten Phänomenen Hypothesen aufgestellt, um vermutete Naturgesetzmäßigkeiten zu proklamieren. Diese werden durch Veröffentlichungen der fachlichen Diskussion ausgesetzt. Solange wissenschaftlich nachvollziehbar begründete Hypothesen jeglichen Überprüfungen standhalten, also weder rational (mit dem Instrumentarium der Logik) noch empirisch (anhand von objektiv sowie subjektiv wirklichen Erfahrungen) als „falsch" überführt werden können, gelten sie – immer vorläufig – als „wahr". Wird beispielsweise ein Gebäude aufgrund wissenschaftlicher Voruntersuchungen und Auswertungen an seinem Standort als ‚erdbebensicher' geplant und gebaut, so muss sich diese Wahrheit in Wirklichkeit objektiv bei jedem Erdbeben erneut bestätigen. In diesem Fall hat die Wissenschaft einen prognostischen Wert für die Baukunst.

Im Falle des Klimas und in Fragen des Klimawandels und seinen Folgen hat die Wissenschaft – mit ihren Erkenntnissen darüber, was in unserer Welt beobachtbar und messbar der Fall ist - einen prognostischen Wert für die Kunst der gesellschaftlichen Lenkung, also das, was ‚Politik' ist. Dazu gibt es grundsätzlich verschiedene Einstellungen: Wer Politik versteht als „die Kunst des Möglichen" reagiert konservativ lediglich auf bereits verwirklichte Beispiele anderer, die diese als machbar vorstellen. Wer Politik versteht als „die Kunst das vermeintlich Unmögliche möglich zu machen" agiert progressiv und will mit begründeter Hoffnung auf künftige Bestätigung der wissenschaftlich ergründeten Wahrheit mit gutem Beispiel vorangehen. Beide Haltungen treffen in parlamentarischen und öffentlichen Diskursen bzw. Debatten aufeinander, in denen meist mithilfe von Modell-Berechnungen über die Wertigkeit von gesetzlich vorzugebenden Handlungsanweisungen und Maßnahmen gestritten werden muss – sowohl um das tatsächlich Unmögliche vom nur vermeintlich Unmöglichen zu unterscheiden als auch um das trotz seiner Offenheit begründet Mögliche durch Abstimmung als Gesetz wirklich (als dem Handeln vorausgesetzt) werden zu lassen. Ob es sich bewährt – also als wahr verwirklicht – muss und kann sich erst in der gesellschaftlichen Realität, also in der diesbezüglichen Kooperation aller zeigen und bestätigt werden - oder aber es lässt sich eben nicht bestätigen und erweist sich als falsch, muss also weiter geändert, angepasst und verbessert werden, um dem existenziellen Wohlergehen möglichst aller Betroffenen zu dienen. Auf diese Weise hat sich in den vergangenen Jahrhunderten vor dem Hintergrund der wissenschaftlichen Aufklärung und der technologischen Entwicklung vor allem eine Technik-Ethik geformt, die bis in kleinste alltägliche Entscheidungen hineinwirkt und uns im Tun und Lassen gewöhnlich die Nebenwirkungen ausblenden ließ.

Die Thematik des Klimawandels ist Teil der angewandten ökologischen Ethik. In allen ihren Betrachtungen, Überlegungen, Argumentationen, kritischen Überprüfungen und Schlussfolgerungen sind daher einige grundlegende und bisher nicht falsifizierbare Basishypothesen der ökologischen Wissenschaften mit einzubeziehen:

- die Geltung der 3 Hauptsätze der Thermodynamik (Energieerhaltung, Entropie und Dissipation),
- die Offenheit von belebten Ökosystemen und die nur relative Geschlossenheit ihrer Teilsysteme,
- die grundsätzliche objektive Gleichwertigkeit aller Lebewesen, Lebensformen und Arten wegen der organismisch auf Kooperation ausgerichteten Selbststrukturierung alles Lebendigen (Biodiversität, Anpassung, Survival …),
- die grundsätzliche Verantwortlichkeit der Menschen durch ihre Vormachtstellung als Artefakte Erzeugende sowohl als Spezies als auch als Gattung und als Individuen gegenüber anderen Lebewesen und auch deren künftigen Generationen.

Letzteres ist nicht als Speziesismus zu verstehen, denn den Menschen erwächst aus ihrer selbstausgestatteten und insbesondere technischen Macht kein besonderer ethischer Wert, wohl aber aus den Folgewirkungen ihres tatsächlichen Machens im Zivilisationsökosystem. Diese überprüfbaren Folgewirkungen sind der Maßstab für das, was daran ‚gut' und daran ‚schlecht' ist für alles Lebendige.

Die ethische Prüfung der Tauglichkeit von Moralbegründungen besteht v.a. in der Anwendung der genannten Kriterien auf vorgeschlagene Handlungsgrundsätze. Dabei erweisen sich sowohl Elemente der Tugendethik, der utilitaristischen Ethik, der Pflichtethik wie auch der Folgenethik als für den umfassenden Gegenstand je teilweise zutreffend. Insgesamt allerdings muss auch in der ethischen Betrachtung selbst eine grundsätzliche systemische Offenheit akzeptiert werden, v.a. als Zukunftsoffenheit. Genau diese Offenheit ist es, die die Ethik freundlich, jugendlich und in sich selbst zukunftsfähig macht. Sie kommt dem spezifischen Kern des Menschlichen am nächsten, der die Menschen tatsächlich von allen anderen Spezies unterscheiden lässt und als einzigartig kennzeichnet: die Fähigkeit zur sprachlich differenziert mitteilbaren rationalen Selbstreflexivität.

Diese Fähigkeit ist in Verbindung mit der hochgradigen Anpassungsfähigkeit an äußere Bedingungen die Ursache des Erfolges des Homo sapiens sapiens (*der Gleiche, der Verstand und Vernunft hat*). Intuition und Emotionalität stehen dabei gleichberechtigt neben dem rein Rationalen. Man kann noch so viel berechnen und sich streiten über das Zutreffen von Szenarien und wird letztlich dennoch aus dem Bauch heraus über das eigene Tun oder Lassen entscheiden. Wenn allerdings die Angst als Existenzangst ins Spiel kommt oder gar ins Zentrum aller Absichten rückt, ist nicht mehr die Verstandesgemäßheit gleichberechtigt, sondern alles dreht sich scheinbar allein ums eigene Überleben. Massenpsychologischer Populismus tritt in der Menschheitsgeschichte immer dann auf, wenn es um Überlebensfragen der Arterhaltung geht. „Lasst uns den Säbelzahntiger ausrotten!" hieß es einmal und man beseitigte die Existenzbedrohung. Rational betrachtet ging es aber eigentlich um Nahrungskonkurrenz. Man hatte Erfolg damit und die Menschen vermehrten sich prächtig, nach und nach rotteten sie aber auch das Mammut und andere aus. „Lasst uns den Wald roden und Äcker anlegen!" hieß es dann und man erfand das Eigentum als Existenzgrundlage. Mit der technologisch gesteigerten Aneignung wuchs die Verantwortung und wir heutige Menschen haben nun die

Verantwortung für unsere ganze Welt als Biosphäre.
Wir Lebende müssen den künftigen Generationen vernünftige Antworten geben können auf ihre Warum-Fragen. Keine Wir-haben-es-nicht-gewusst-Ausreden. Wir sind sehenden Auges, aber mit verstopften Ohren, in die Klimakatastrophe gestolpert. Wir wussten seit den 1970er Jahren sehr wohl von der Gefahr, hatten aber keinerlei wirksame Strategie. Warum? Unsere bisher traditionell erfolgreichen Strategien sind ***gegen*** die Natur gerichtet. Obwohl im 20. Jahrhundert zwei Weltkriege der Menschheit gezeigt haben, dass es eine tragisch zum Untergang führende Fehlinterpretation ist, das Leben als Existenzkampf zu verstehen, kämpfen wir tagtäglich immer noch wie die alten Nibelungen, wenn auch scheinbar ganz soft und smart mit Touchscreen und scheinintelligenter Maschinenanimation, aber letztlich immer noch ***gegen*** die Natur. Wir befinden uns im Weltkrieg gegen die Natur und sind doch ein Teil von ihr.

Doch einige ihrer Ressourcen sind erschöpft. Laufend werden Spezies absichtlich oder unabsichtlich unwiederbringlich ausgerottet und Biozönosen degradiert oder zerstört mit deutlich messbaren Auswirkungen auf die physischen Lebensgrundlagen, insbesondere der CO2-Konzentration in der Atmosphäre.

2020 ist es so weit, dass Kipp- und Tripelpunkte sichtbar, ja überdeutlich spürbar werden und dass die Zeit uns einen Rat gibt: Lasst das Kämpfen sein, nehmt euch die Freiheit euren Frieden zu machen – mit euren Nachbarn, mit Tieren und Pflanzen, mit Berg und Tal, Luft und Meer. Alle brauchen einander und spielen existenzielle Rollen füreinander: Macht aus euren Lebensgeschichten keine Tragödien, sondern Komödien, nehmt euch Zeit zum Lachen – wenigstens an **Freien Freitagen**.

Traditionen können nett sein, aber sie sind kein Argument immer alles so weiterzumachen wie bisher oder noch früher. Früher gab es sehr viel weniger fossil betriebene Technik auf dem Planeten als heute. Deshalb sind die alten Lebensstrategien, die in den Traditionen stecken, vielfach obsolet und für das Tun und Lassen heutiger und künftiger Generationen weitgehend unpassend, wenn nicht gar kontraproduktiv. Wir können mit unseren angeeigneten umfangreichen und weitreichenden Freiheiten nur als ganze

Menschheit überleben, weil wir uns für die ganze beglückende Fülle des Daseins alle letztlich gegenseitig auch brauchen. **Menschliche Freiheit ist Verantwortlichkeit**. Wer auf die Zukunftsfragen der Kinder von heute nach dem eigenen Tun und Lassen in Vergangenheit und Gegenwart keine angemessen akzeptablen Antworten hat, sollte eine Pause machen und nachdenken, sich Zeit nehmen und das eigene Dasein umgehend in Einklang bringen mit der inneren und äußeren Natur.

Es gehört offenbar zur inneren Natur des Homo Sapiens Sapiens kreativ zu sein. In der Odyssee der Menschheitsgeschichte wurde uns gelehrt Probleme durch trickreiche Listen bzw. Techniken zu lösen. Doch daraus ergaben sich immer neue Probleme, die zu lösen wir immer mehr technische Hilfsmittel benutzen, die immer mehr Energie benötigen. Die Natur zu überlisten führte in immer weiter entlegenere Winkel des Planeten, mit Teleskopen und Mikroskopen, Mechanik und Elektronik, analog und digital. Es ist Zeit das grundlegende Problem zu lösen, die Odyssee ist zu Ende, der Meeresspiegel steigt, die Gletscher schmelzen, das Kämpfen ist zu Ende. Was bleibt ist, der Natur die Hand zu reichen, mit ihr Frieden zu machen an allen Ecken und Enden unseres alltäglichen, kulturellen wie politischen und technischen Tuns und Lassens.

Das grundlegende Problem ist die Verantwortungslosigkeit, die teilweise auf Fantasielosigkeit beruht. Schnelle und vermeintlich einfache Lösungen, die aus – oft nur vermeintlichen - Notlagen herausführen sollen, sind typische Odysseus-Listen, die in noch größere Schwierigkeiten führten. Die üblichen Hauptsache-erfolgreich-Strategien verschieben nur die eigene Begrenztheit, verdrängen die negativen Seiten und Folgen in der Regel auf ‚später'. Aber dieses Später früherer Generationen ist jetzt unaufschiebbar der Fall. Die Folgen des maschinentechnisierten Handelns auf der Basis von Verbrennungsprozessen sind in der gesamten Biosphäre zu sehen und zu spüren. Die Neben- und Abfallprodukte jahrhundertelanger Ausbeutung fossiler Lagerstätten gehören inzwischen als Treibhausgase, versauerte Ozeane, Plastikmüll usw. zur alltäglichen Lebenssituation von allem Lebendigen und zur Ausgangssituation künftiger Generationen.

250 Jahre industrielles Beschweren und Belästigen der Biosphäre mit Abgasen, Abfällen und Abwässern waren genug, um die in derselben Zeit weit menschlicher und dennoch größer gewordene Menschheit an den Rand ihrer Existenz zu bringen. Jetzt kommt es darauf an, die gewonnene Würde in freier Selbstbestimmung und in Kooperation mit den planetarisch noch vorhandenen Naturkräften zu erhalten, allen gleichberechtigt zu gewähren und gemeinsam Ressourcen sparend ohne Reboundeffekte global einen optimierten stationären Zustand zu erreichen. So können große Wanderungsbewegungen und Kriege um Ressourcen verhindert werden.

Die längst begonnene Verschiebung der Klimazonen der Erde muss gestoppt werden. Die CO2-, CH4- und N2O-Emissionen müssen sofort drastisch verringert werden. Dazu müssen die Hauptemittenten wenigstens an einem bisherigen Wochenarbeitstag abgeschaltet werden. Verbrennungsprozesse sowie die landwirtschaftliche künstliche Düngung müssen weiter stark reduziert und durch emissionsfreie Verfahren ersetzt werden (Biogasnutzung, Kompoistierung etc.). Jegliche Methanfreisetzung ist zu vermeiden oder zu unterbinden. Abwässer und Abfälle sind zu vermeiden, was unvermeidbar anfällt, ist in möglichst reiner Form einer Wieder- und Weiterverwertung oder getrennt erfasst dem giftfreien stofflichen Recycling zuzuführen. Sekundärrohstoffpreise sind gleich oder höher anzusetzen als Primärrohstoffpreise, so dass das Getrenntsammeln ökonomisch rentabel wird und echte Wertschöpfungskreisläufe entstehen, die der Förderung des Allgemeinwohls tatsächlich dienen.

Dieses Umsteigen braucht nicht nur die bereits vorhandenen technischen Möglichkeiten, sondern auch gesellschaftliche und ethisch gute Handlungsimpulse und Zeit, kurz: Es braucht **die Freien Freitage**.

Anhang: offener Brief an Bundeskanzlerin Merkel vom 1. Nov. 2019

<u>Vorschlag</u>: freie Freitage für die Zukunft – offener Brief

<u>Verteiler</u>: Bundesregierung, Bundestag, Bundesrat, Ministerpräsidenten der Länder, Städtetag, Deutscher Ethikrat, Weltethos-Stiftung, Wirtschaftsverbände, Wohlfahrtsverbände, Umweltverbände, Fridays for Future,
Print-, Audio- und TV-Medien, Mitdiskutantinnen und Mitdiskutanten

mit der Bitte um Weitergabe an Interessierte und Betroffene

Sehr geehrte Frau Bundeskanzlerin Angela Merkel,
sehr geehrte Damen und Herren,
ausgehend von der sich zuspitzenden Gesamtlage in der bundesdeutschen Politik möchte ich Ihnen einen Vorschlag unterbreiten, den ich bereits bei der Herbsttagung des Deutschen Ethikrates in Göttingen als Empfehlung an die Bundesregierung öffentlich formuliert habe. Da Zukunft grundsätzlich nicht vorhersehbar ist, muss die ethisch-politische Überlegung von der Frage ausgehen: Was wäre wenn? Hierzu ein Gedankenexperiment in dessen Folge der Vorschlag entwickelt wird.

Gedankenexperiment:
Angenommen vergangene Nacht ist ein Drittel des grönländischen Eisschildes plötzlich auf schrägem Untergrund abgeglitten und ins Nordmeer gerutscht, eine Tsunamiwelle rollt auf Nordamerika, Island sowie Nord- und Westeuropa zu und weltweit steigt der Meeresspiegel um 2 bis 3 Meter innerhalb einiger Stunden.
Krisenstäbe tagen und in Radio- und Fernsehsendungen werden laufend Anweisungen zur Evakuierung der Küstenregionen gesendet.
Der Krisenstab der deutschen Bundesregierung kommt zu einer dreistufigen Empfehlung:

Kurzfristig sind die Küstenregionen zu evakuieren und unter Einsatz der Bundeswehr die Überschwemmungen und ihre Folgen zu minimieren.
Mittelfristig sind die Emissionen klimaschädlicher Gase dadurch zu reduzieren, dass ab sofort freitags Kohlendioxid, Methan und Lachgas freisetzende Aktivitäten weitgehend zu unterlassen sind, Kraftwerke, Produktionsanlagen und Produktabsatz pausieren – hierzu werden gesetzliche Regelungen erlassen.
Langfristig wird eine Umstellung auf insgesamt klimaneutrale und CO2 senkende Prozesse, Verfahren, Produkte und Verhaltensweisen angestrebt. Die staatlichen Regelungen der freien Freitage für die Zukunft beginnen mit dem ersten Freitag des neuen Jahres 2020 und gelten vorläufig für das gesamte Jahr 2020.

Zurück zur realen Situation. Sie unterscheidet sich vom Gedankenexperiment nur in einem wesentlichen Punkt: Der grönländische Eisschild rutscht zurzeit nicht (und hoffentlich nie) plötzlich ab, würde aber bei einem völligen Abschmelzen einen weltweiten Meeresspiegelanstieg von 7 Metern mit sich bringen. Das ist unumkehrbar und kann innerhalb weniger Jahrzehnte geschehen – aus geologischer Sicht also sehr plötzlich.
https://wiki.bildungsserver.de/klimawandel/index.php/Grönländischer_Eisschild

----

Auch der Oktober 2019 hat wieder jede Menge Wärmerekorde auf der Nordhalbkugel vorzuweisen und selbst wenn all die Messungen und Beobachtungen, die den Klimawandel bestätigen, falsch lägen, ist politisches Handeln jetzt mindestens auf Bundesebene erforderlich, um innere (Generationen-) Konflikte zu vermeiden und selbst gesetzte Ziele nachvollziehbar doch noch erreichen zu können oder sie wenigstens ernsthaft anzustreben.

Auf der Herbsttagung des Deutschen Ethikrates in Göttingen am 23.10.2019 habe ich öffentlich erstmals den Vorschlag eingebracht, der Bundesregierung die Maßnahme

freie Freitage für die Zukunft

zu empfehlen. Immerhin wurde der Vorschlag von einigen Diskutanten aufgegriffen, von manchen allerdings nicht einmal angehört oder leichtfertig abgetan, aber einige finden ihn sogar genial und es lohnt sich – zumal an einem freien Freitag – darüber gründlich nachzudenken.

Mein Vorschlag ist: den Freitag ab sofort blocken, freimachen oder wie auch immer zum echten Pausentag der Woche machen – am effektivsten gesetzlich und bundesweit. Einfach mal einen (bisherigen Arbeits-)Tag in der Woche komplett streichen, herausnehmen aus vielen Plänen, den Kalender entschleunigen, Zeit gewinnen, Lebenszeit, Bedenkzeit, Zeit zum Atmen, Zeit um endlich in Ruhe miteinander zu reden, Zeit für sich (auch als Institution oder Unternehmen), zum Reflektieren, zum Meditieren, zum Kreativsein, zum Lesen, Schauen und Gespräche führen, Notizen machen, Erkenntnisse gewinnen, Zeit den Samstag und Sonntag besser zu planen, Zeit das innere Selbst so zu entfalten, dass es nachhaltig zukunftsfähig wird, d.h. dass es in der Selbst- und Weltverantwortung wirklich Sinn gibt, insgesamt Zeit nachzudenken, was an den übrigen Tagen der Woche anders gemacht werden kann, um zukunftsfähiger zu werden.

Ein (ethisch) guter Planungsgedanke zur Weltgestaltung (hier: Wohnort Planet Erde) ist umsetzbar, wenn von der größeren Zahl der Beteiligten erkannt wird, dass er für die Allgemeinheit mehr Vorteile als Nachteile mit sich bringt. Die für alle freien Freitage bringen in der Lebenszeitdimension des jeweils persönlichen Daseins so viel mehr Freiheit mit sich, dass nötige Einschränkungen in der Dimension des Habens aufgewogen werden.

Was die SchülerInnen mit Fridays for Future begonnen haben wirklich sofort und konsequent als Gesamtgesellschaft

fortzuführen, heißt jetzt umgehend die gesteckten Klimaschutzziele erreichen.

Ein individuelles Freitagsfasten oder Freimachen wäre zwar lobenswert oder ehrenwert, aber bringt fast gar nichts für den Klimaschutz oder die CO2-Einsparung, weil die riesigen technischen Systeme und Anlagen dennoch weiterlaufen, gigantisch viel fossile Primärenergie verbrennen und immense Mengen Emissionen in die Atmosphäre blasen. Als gesetzliche Vorgabe für alle sind freie Freitage jedoch sofort wirkungsvoll und zwar in einer der Situation und der Menschlichkeit angemessenen Weise mit für alle auch subjektiv erlebbar positiven tatsächlichen Effekten.

Angesichts der bereits deutlich spürbar eingetretenen Klimaveränderungen brauchen wir eine für alle als Rettungseinsatz erkennbare ‚Vollbremsung': der freie Freitag bedeutet **alles abschalten, was klimaschädlich sein kann. Nur Aktivitäten, die sich klimaneutral oder klimaschützend (z.B. Kohlenstoff bindend) auswirken, sind erlaubt.**

Der **Freie Freitag** markiert den Paradigmenwechsel hin zu nachhaltigem Verhalten und Wirtschaften. Freitags abschalten bringt eine sofortige Reduktion der Klimagasfreisetzung um ein Fünftel und stellt die nötige Lebens- und Lernzeit für das jetzt notwendige gesellschaftliche Umdenken sowie für die nötige Kreativität für nachhaltige Innovationen bereit.

Wenn Produktionsanlagen, Verwaltungsbüros, Schulen, Logistik und Verkaufsstellen an einem bisherigen Werktag stillgelegt werden, werden sofort und weitgehend die Emissionen aus fossilen Brennstoffen vermieden. Die lebensnotwendigen Systeme und klimaschutzförderlichen Aktivitäten aber können in Mitteleuropa bereits mit erneuerbaren Energiequellen zumindest klimaneutral betrieben werden. Niemand muss am freien Freitag deshalb frieren oder hungern.

wöchentlich eine Pause für das Klima: free Fridays for Future

Die aktuelle Regierungskoalition hat offenbar nichts mehr zu verlieren …
Unter Berufung auf den Artikel 20 a des Grundgesetzes ist die Bundesregierung ohnehin in der Pflicht eine der Problematik angemessene Maßnahme zu ergreifen: „Der Staat schützt auch in Verantwortung für die künftigen Generationen die natürlichen Lebensgrundlagen und die Tiere im Rahmen der verfassungsmäßigen Ordnung durch die Gesetzgebung und nach Maßgabe von Gesetz und Recht durch die vollziehende Gewalt und die Rechtsprechung." (Art. 20a GG)
Angenommen eine Bundesregierung würde – z.B. auf Empfehlung des Deutschen Ethikrats – als Ergänzung zum beschlossenen ‚Klimapaket' den Bundestag ein Gesetz beschließen lassen, wonach ab Januar 2020 mindestens ein Jahr lang in Deutschland **freitags frei** ist, das heißt nicht gearbeitet wird, die Geschäfte geschlossen haben und prinzipiell ein Autofahrverbot gilt; wonach Kraftwerke und unnötige Heiz- und Kühlgeräte abzuschalten oder herunterzufahren sind; ausgenommen sind energietechnische Anlagen und Fahrzeuge, die ausschließlich mit regenerativen Energieformen betrieben werden und Einsatzfahrzeuge von Polizei, Feuerwehren und Rettungsdiensten sowie öffentliche Verkehrsmittel auch wenn sie noch nicht ganz klimaneutral fahren. Angenommen der Flugbetrieb kann freitags ebenfalls ruhen oder wie der motorisierte Straßenverkehr weitestgehend minimiert werden (dass Flugpläne auch kurzfristig und international änderbar sind, ist ja schon hinlänglich bekannt). Angenommen Aktivitäten, die direkt oder indirekt zur Freisetzung von als klimaschädlich bekannten Gasen wie CO2, Methan oder N2O führen, sind freitags möglichst ganz zu unterlassen und zu kommerziellen Zwecken freitags ganz verboten…- **geboten sind stattdessen Ausruhen, Erholung, Regenerieren und Reflexion, Kommunizieren sowie nichtkommerzielle sportliche und kreative Beschäftigungen und (v.a. ehrenamtliche) Tätigkeiten zur Förderung des nicht klimaschädlichen Allgemeinwohls und zur Bildung für nachhaltige**

Entwicklung. In der Landwirtschaft werden freitags vorwiegend Nachhaltigkeits- und Umstellungsmaßnahmen umgesetzt und solidarische Prosumentenwirtschaft im Zuge der Nachbarschaftshilfe als Fitness- und Wellnessaktivität wie Waldbaden mit Forstwirten usw.
Angenommen Bahnen und Busse verkehren nur in verringertem Maße entsprechend etwa dem Wochenendfahrplan, aber (z.B.) zum halben Preis oder lokal sogar kostenlos, aber die Nutzerinnen und Nutzer sind ohnehin gehalten sie nur für unumgängliche Fahrten (z.B. zu zu pflegenden Angehörigen) zu benutzen. Beschäftigte in Sicherheits-, Pflege- und Notdiensten wie in Verkehrs- und Infrastrukturbetrieben, die freitags Dienst tun, bekommen dafür einen anderen freien Wochentag (z.B. mittwochs).
Angenommen der freie Wochentag wird finanziert bzw. gegenfinanziert, indem sich die Arbeitseffizienz an den verbliebenen 4 Werktagen innerhalb eines halben Jahres so steigern lässt, dass sich das anfängliche Manko am Jahresende ausgleicht, dann würden sich die aktuell sehr verstärkt laufenden Bemühungen um Digitalisierung, Automatisierung und sonstige nachhaltige Effizienzsteigerung tatsächlich und merklich lohnen für alle an diesen Anstrengungen Beteiligten, ja der freie Freitag ist sogar der größte Anreiz dazu und er ist vor allem auf der Lebenszeitschiene zu kompensieren, die Kompensation auf der Geldschiene ergibt sich daraus – in den Managementetagen ist die anzunehmende Effizienzsteigerung ohnehin im Plan und zwar auch ohne Lohnausgleich.

Gezielt wird mit dieser hier vorgeschlagenen Freitags-frei-Maßnahme kurzfristig auf eine sofort wirksame Verminderung des jährlichen bundesweiten CO2-Ausstoßes von 15 bis 20 % und damit auf ein noch mögliches Erreichen der schon aufgegebenen Klimaschutzziele insbesondere dadurch, dass energieintensive Prozesse und Anlagen i.d.R. von donnerstags 24 Uhr bis Montag früh heruntergefahren werden, weil dies i.d.R. auch wirtschaftlich von Vorteil ist und der verringerte

Strombedarf dann freitags, samstags und sonntags vollständig durch regenerative Energiequellen zu decken ist.
In der Wirtschaft, der öffentlichen Verwaltung und in den Bildungseinrichtungen ist alles daran zu setzen, dass mit den bereits vorhandenen oder ohnehin anstehenden Innovationen (Digitalisierung, Automatisierung, Roboterisierung, Künstliche Intelligenz oder Intensivierung durch zusätzliches Personal) die Produktivität an 4 Werktagen bald ebenso hoch ist wie zuvor an 4 ½. Löhne und Gehälter bleiben grundsätzlich gleich, können in besonderen Fällen aber auch von den Tarifparteien neu verhandelt werden. Schwarzarbeit ist an den freien Freitagen unbedingt zu unterbinden wie an bisherigen gesetzlichen Feiertagen.
Ein Teil des Arbeitszeitentfalls kann dadurch kompensiert werden, dass die traditionellen gesetzlichen Feiertage – zumindest die, die nicht auf Freitage, Samstage oder Sonntage fallen – als arbeitsfreie Tage gestrichen werden. Für Religiöse Feiertage – gleich welcher Religion – ist auf rechtzeitigen Antrag hin vorrangig Urlaub zu gewähren. Die verbleibenden ca. 40 tatsächlich ausfallenden Arbeitstage des Jahres werden außer durch arbeitstechnische Innovationen durch geringere Krankheitsausfälle und höhere Motivation an den übrigen Wochentagen kompensiert.
Geschäftsorganisatorische Probleme hinsichtlich internationaler und globaler Wirtschaftsprozesse sind ähnlich lösbar wie die traditionelle Berücksichtigung von Feiertagen oder der Datumsgrenze. In Einzelfällen und besonderen Branchen sind staatliche Kompensationen erforderlich, die effektiv sind, weil die Außenwirkung der Gesamtmaßnahme dadurch positiv bleibt und nachahmenswert. Je mehr Industriestaaten und Schwellenländer ebenfalls freie Freitage einführen, desto näher rücken die Ziele des internationalen Klimaabkommens.
In öffentlichen Schulen sollen – nach entsprechenden Landtagsbeschlüssen - die Doppelstunden auf 60 Minuten verkürzt, mehr Pausen und Teamteaching gemacht sowie die Bildungspläne von veraltetem Ballast befreit und die

Lehrdeputate auf 18 Zeitstunden Unterricht pro Woche begrenzt werden. Die unterrichtsfreien Freitage sind ausdrücklich auch für das selbständige Lernen vorzusehen und Klassenarbeiten können auch montags geschrieben werden.
Staatsbeamte und (protokollfeste) Beschäftigte des öffentlichen Dienstes sind an den freien Freitagen in der Lage und aufgrund ihres Berufsethos gehalten sich an passenden lokalen Bildungsprojekten der Bildung für nachhaltige Entwicklung aktiv zu beteiligen. Die Bundes- und Landeszentralen für politische Bildung stellen ihnen dafür Materialien zur Verfügung sowie die örtlich tätigen Vereine und Verbraucherzentralen. Insbesondere in den Bereichen nachhaltiges Konsumieren und Freizeitgestaltung ist ein immenses Aufklärungspotenzial abzudecken und Nachhaltigkeitskompetenz zu entwickeln und dabei sind die Formen des demokratischen Meinungsaustauschs auf allen gesellschaftlichen und staatlichen Ebenen immer wieder einzuüben und gegenkontrolliert einzuhalten. Mit dieser subsidiären, gesellschaftlich hochwirksamen Aufklärungslernmethode sind Ekelerscheinungen wie sog. alternative Wahrheiten aufzulösen.
Für Samstage und Sonntage sind absehbar kaum Veränderungen der bisherigen gesetzlichen Rahmenbedingungen erforderlich (außer um Missbrauch zu unterbinden, z.B. sollten Flugtickets von Donnerstagabend (Hinflug) auf Montagfrüh (Rückflug) bzw. innerhalb des Wochenendes nur ausnahmsweise zulässig sein) ebenso wie z.B. Schwarzarbeit oder das Abflammen von Biomasse auf Grundstücken. Ordnungskräfte sollen deshalb an einem anderen Wochentag zusätzlich dienstfrei bekommen oder verteilt auf zwei halbe Tage, aber freitags Dienst tun.
Weil man an freien Freitagen genug Zeit hat den Warenkonsum am Samstag ausführlich vorzubereiten, zu diskutieren und zu planen besteht die begründete Hoffnung, dass gezielter (mit weniger Verkehr), genüsslicher (mit weniger Stress), nachhaltiger (mit mehr Blick auf Haltbarkeit und Langlebigkeit der Waren) und umweltbewusster (mit Blick auf das Ökodesign der Produkte, das Umwelt-Image der Hersteller und die

Müllvermeidung) konsumiert wird. Da der klimaneutrale Strom in Deutschland heutzutage auch an freien Freitagen reicht, um das Internet am Laufen zu halten, sind freie Freitage auch ideale Familientage, weil sie die nötige Zeit bieten den Informationsüberschuss aus den digitalen Medien persönlich abzugleichen, darüber ins Gespräch zu kommen, gemeinsam zu e-shoppen oder eine Reise zu planen usw.. Konsum, Umsätze und Bruttoinlandsprodukt steigern sich dadurch zwar, aber in eine zukunftsfähige Richtung: Die Sortimente werden auf den Bewusstseinswandel schnell umgestellt und die Mehreinnahmen an Umsatzsteuer finanzieren staatliche Kompensationszahlungen dort, wo wegen der Umstellung erhöhte Kosten entstehen.
Mittelfristig besteht die begründete Hoffnung, dass die freien Freitage die wesentliche und hinreichende Voraussetzung dafür sind, dass der für die tatsächliche Implementierung von Nachhaltigkeit, Bürgerwissenschaft, demokratischer Erneuerung und Gemeinwohlwirtschaft erforderliche grundlegende gesellschaftliche Wandel von den Menschen vollzogen wird, wenn ihnen einerseits die für diesen Bewusstseins- und Handlungswandel erforderliche Zeit zur Verfügung steht und andererseits die dringende Notwendigkeit in den Raum gestellt wird. Verpflichtend sollte die Teilnahme an Zukunftswerkstätten etc. für die BürgerInnen und Bürger während des Jahres damit verbunden sein, die v.a. an Freitagen stattfinden. Ziel ist es, lokale, regionale und global wirksame Strukturen selbst zu schaffen, die für alle Beteiligten und Betroffenen als Win-Win-Verhältnisse dauerhaft transparent sind.
Langfristig wird mit diesem Maßnahmenbündel den Bürgerinnen und Bürgern die Chance eröffnet sich selbsttätig und mit bildungspolitischer staatlicher Hilfestellung eine deutlich höhere Lebensqualität und Zukunftsperspektive anzueignen durch den Paradigmenwechsel zum verantwortungs- und umweltbewussteren gesellschaftlichen, wirtschaftlich tragfähigen, nachhaltigen und alltagskulturell ausgeglicheneren Lebensstil. Die ohnehin notwendige und auch schon in Gang gesetzte Umstrukturierung der Wirtschaft als Teil der

Zivilgesellschaft hin zur Nachhaltigkeit wird durch die Maßnahme erleichtert und beschleunigt, weil die Bürgerinnen und Bürger auch als MitarbeiterInnen und als KonsumentInnen das Zusammenstimmen ihrer Beiträge zum zukunftsfähigen Ganzen dann anstreben, wenn sie auch den eignen Vorteil und positiven Lebenssinn darin erkennen.
Für jeden Bundesbürger und jeder Bundesbürgerin sollte durch die Lernmethodik in dieser Maßnahme verständlich werden, dass es im demokratischen Staatswesen und gesamtgesellschaftlich auf die Kooperation aller ankommt, um den gegenwärtigen und auch künftigen Generationen ein Leben in freier Selbstbestimmung und in einer lebenswerten Umwelt zu ermöglichen. Dass dafür die Konsumgewohnheiten geändert, Energie- und Materialverschwendung abgeschafft und zukunftsfähige Handlungs- und Verhaltensweisen auch individuell angeeignet und geübt werden müssen und ein weltbürgerliches Verantwortungsethos als Grundhaltung aufzufinden ist, erfordert eine intensive ethische und politische Debatte auf allen Ebenen. Dafür sind alle gesellschaftlichen Kräfte und Formationen ebenso wie die öffentlichen Institutionen gefordert Aktionsformen und Strukturierungen anzubieten, die ein friedvolles Miteinander ermöglichen. Jegliche Formen von Gewalt sind zu unterlassen und zu vermeiden, wofür auch freitags das entsprechend geschulte Personal einsatzbereit sein soll. Über die Gründe für die Ge- und Verbotsmaßnahmen muss nachvollziehbar aufgeklärt werden. Der freie Freitag bringt beide aktuellen Mainstream-Lifestyletrends zusammen, die eigentlich als unvereinbar gelten: Wer so weiter machen möchte wie bisher (mit Luxus, Verschwendung usw.), kann das tun und darf einfach freitags einen Tag pausieren, wer einen zukunftsfähigen Lebensstil verwirklichen oder zumindest ausprobieren möchte, kann das zwar den Rest der Woche auch, aber an den freien Freitagen zeigt sich real, was Nachhaltigkeit tatsächlich bedeutet, wie zielführend sie ist und wie sie gesellschaftlich umsetzbar ist. Beide Seiten treten so in einen anhaltenden, aber nicht atemlosen

gesellschaftlichen Lernprozess ein, der die Zivilgesellschaft stärkt, erneuert und insgesamt zukunftsfähiger macht.
Die zentrale Botschaft ist: unsere Freiheit, unseren Wohlstand usw. können wir nur erhalten, wenn wir in der Lage sind oder uns in die Lage versetzen, uns an die umfassenden natürlichen Lebensbedingungen anzupassen und das ist eine Gemeinschaftsleistung mit deren Gelingen die Lebensqualität generell und individuell zunimmt, egal welchem Mainstream man nachhängt.

- Einige werden rufen: „Bloß keine Experimente!“ Aber das Vorgeschlagene ist kein Experiment. Es ist vielmehr ein Ziehen der Reißleine auf dem Blindflug ins Ungewisse. Der Blindflug, den die Menschheit seit Beginn der massenhaften Freisetzung von CO_2 vor etwa 300 Jahren begonnen hat, das ist ein Experiment …
- Einige werden behaupten: Das geht überhaupt nicht, das rechnet sich nicht, das ist nicht durchführbar usw. - Aber es lässt sich schlicht nicht berechnen oder algorithmisch systematisieren, weil ein Paradigmenwechsel in einem komplexen System weder logistisch noch quantifizierbar vorherbestimmt werden kann, zumal wenn viele selbst denkende und selbstbezüglich zukunftsverantwortlich handelnde Lebewesen Teile des Systems sind.
- Einige werden sich unvernünftig verhalten – das ist ein durchaus menschliches Phänomen und offenbar manchmal notwendig, um vernünftig zu werden.
- Erst die Durchführung der Maßnahme „Freie Freitage für die Zukunft“ liefert die nötigen Daten, um herausfinden zu können, was sie bewirkt.

Würde kein Umschwung zur Nachhaltigkeit in der Größenordnung der freien Freitage jetzt angestoßen, dann müssten spätere Maßnahmen noch größer und tiefgreifender sein. Und **im Unterschied zu früheren ähnlichen gesamtgesellschaftlich und staatlich umgesetzten Maßnahmen (z.B. autofreie Sonntage in den 1970er Jahren) gibt es keine Verschiebebahnhöfe mehr**. Die Kosten für eine veränderte Atmosphäre kann die Menschheit nicht auf jemand anderes abwälzen. Alle atmen aus derselben Atmosphäre und alle leben – wenn auch mit unterschiedlich großen ökologischen Fußabdrücken – auf demselben Planeten. Nur wenn die auch finanziell reichen Staaten – u.a. wegen ihrer historischen Verantwortung – in der Entwicklung zur Nachhaltigkeit vorangehen, kann ein friedlicher, evolutionärer, zivilisatorischer Lernprozess entfaltet werden, denn freie Freitage sind eine von allen für alle anzustrebende Win-Win-Situation – auch für kommende Generationen.

Ich hoffe, mit diesem Vorschlag einen Impuls für die nötige Konkretisierung der Forderungen „doch endlich etwas zu tun“ geben zu können – einfach einen Tag in der Woche das herkömmlich Schädliche sein lassen: das einfache industrielle Nichtstun ist das Effektvollste, was wir jetzt tun können.

Die Herbsttagung des Deutschen Ethikrates hatte die Überschrift „Meinen, Glauben, Wissen – Klimawandel und die Ethik der Wissenschaften.“ Ich möchte mit meinem Vorschlag die laut Kants Kritik der Urteilskraft vierte Gewissheitsart, das Hoffen, hinzusetzen.

Ich würde mich sehr freuen Ihre Meinung dazu zu erfahren.

Mit freundlichen Grüßen und den besten Wünschen

Thilo Schäfer, 01.11.2019 (ein freier Freitag)
(wissenschaftlicher Lehrer für Geografie, Philosophie, Ethik und freier Dozent für Zivilisationsökologie)

Hinweise zu weiterführender Literatur bzw. verwendeten Quellen sind im Text dieses Sachbuchs eingearbeitet.